JN439594

바람의 고독

국립중앙도서관 출판예정도서목록(CIP)

바람의 고독 : 김찬식 시집 / 지은이: 김찬식. -- 대전 : 지혜 : 애지, 2018
p. ; cm. -- (지혜사랑 ; 194)

ISBN 979-11-5728-310-1 03810 : ₩9000

한국 현대시[韓國現代詩]

811.7-KDC6
895.715-DDC23 CIP2018038415

지혜사랑 194

# 바람의 고독

김찬식

지혜

그림 박재동 화백(한국예술종합학교 교수)

## 시인의 말

삶의 소풍길을 가다
겨룸의 돌부리에 넘어질
뻔 했던 편린들,
사유의 돌멩이를 주워 모았다.

시월상달에 산고産苦를 마쳤으니
불역쾌재다.

지난했던 시간들이 스쳐 지나간다.
무던히 애썼던 날들이다.

남은 날들이 얼마인지 모른다.

관계에 스민 소소한 인연도
여기까지 함께 이끌어온
모든 필연에 고개 숙인다.

함께 했던 모든 것들
꺼지지 않는 의미
울음 같은 잔불을 위해 잔을 든다.

몇 십 년 붙들고 있던 옹이
이제 내려놓는다.

밤하늘 무수한 별을 보면서
마냥 살고 싶을 뿐이다.

2018. 시월상달 秋日에
해운대 동백섬자락에서

차례

시인의 말 ---- 5

## 1부 孤獨한 이를 위하여

고독처방 ---- 12
바람 ---- 14
꿈꾸는 봄비 ---- 17
내가 나를 위하여 ---- 19
당신의 이름으로 ---- 21
연못 ---- 22
잔불 ---- 23
노모 ---- 25
복수의 미소 ---- 26
존재는 무위다 ---- 27
참 아프구나, 기다림 ---- 28
길 위의 동행 ---- 30
법기수원지 연가 ---- 32
저수지, 겨울 ---- 33
마지막 의미 ---- 34

## 2부 生의 전환점에서

계절의 레퀴엠 38
바람의 깊이 41
누구나의 가슴에도 강물은 흐른다 44
인연의 카테고리 46
생존 48
중리를 추억하며 49
겨울단상 51
나, 돌아가리라 53
인생계약서 55
고요를 희롱하며 57
마디와 옹이 58
밤에 쓰는 연가 59
포물선 61
한 여름밤을 여미다 62
독백이라는 63

## 3부 잎새들의 頌歌

빗소리의 상념 66
콩나물의 노래 69
비와 벗 72
깃털 73
콩벌레가 되었던 그 겨울 74
풀잎의 춤 76
딱정벌레 77
돌담 78
춘설 79
파도 80
난향蘭香은 길을 건너고 81
달맞이꽃 82
빈들 84
낮달 85
만추 86

## 4부 잃어버린 時間을 위하여

사는 갈피 —어둠의 역설 88
밭고랑 91
생의 편지 I —고난 고독한 이의 위안을 위하여 94
생의 편지 II —삶에 지친 중년의 위안을 위하여 96
바람 그물망 98
문풍지의 노래 99
포대기 100
무늬와 상처 101
무인도에 핀 칸나 102
풍경독서風景讀書 104
바다 도서관 106
산 그림자 107
고요마루, 사랑 108
법기수원지 110

## 5부 *存在와 實存의 유희*

사르트르를 그리며 —본질에 앞선 실존 114
버스정류장 근처 118
얼음꽃 121
커텐 122
공정 123
정情 125
형광등 127
풍장風葬 128
관계 130
눈 내리다 131
물구나무서기 133
아침 건배 134
딱따구리 135
독가시 입술 137

**후기** • 내 삶의 철학적 斷想과 문학적 思惟 • 김찬식 140

**해설** • 김찬식 시인의 역경주의,
존재, 사랑의 시학과 곡선의 미학 • 반경환 152

**해설** • '느림의 시학'과 알맞은
정신기후의 조성 • 엄창섭 166

• 일러두기
한 연이 첫 번째 행에서 시작될 때는 > 로 표시합니다.

# 1부

# 孤獨한 이를 위하여

# 고독처방

내 몸 항아리에 김장을 담근다 산다는 것은
나를 갉아 먹는 일, 구멍 숭숭 뚫려 성긴
배추잎사귀 상처는 아물지 않았다 내 고독의
처방전은 천일염에 푹 절군 온갖 수치와 수모의
잔상들 깨끗이 씻어 물기를 빼고 눈물로
버무린 카오스의 양념을 때 묻은 지폐,
구겨진 자국 같은 배춧잎에 골고루 펴 발랐다
수천 열도를 견뎌낸 빈 오지항아리 속에 상처
하나씩 차곡차곡 다져 넣고 울음소리가
밖으로 새지 않게 마개를 쳐 뚜껑을 닫았다
긴 겨울 캄캄한 땅속에 묻힌 김칫독 안에서
봉인된 상처가 눈물로 곰삭은 묵은지가 될
동안 나는 내안에 박힌 못 자국을 바라보았다

## 시작노트

현대인은 군중 속의 고독을 실감하며 늘 외롭다.

고독이라는 유사한 느낌은 외로움인데 고독과는 엄연히 다르다.

외로움은 상대에서 오는 쓸쓸함이고 고독은 타인의 시선을 모두 걷어내어 자유로운 자기만의 실존시간이다.

그래서 외로움은 상대에 따라 일희일비가 되어 상대가 곁에 없으면 슬픔과 우울이 밀려온다.

그러나 고독은 심연에서만 앓아야 할 고고한 품격의 적막감이다.

괴테도 영감을 받는 것은 오로지 고독 속에 있을 때만 가능하다 했다.

우리들은 사랑을 갈망하고 또 서로 사랑을 나누지만 사랑하면 할수록 고독과 외로움은 더욱 깊어져 사랑과 고독 외로움은 비례한다.

그래서 인생은 아이러니컬하기도 하고 모순이다.

누구나의 가슴속에 강물이 흐르듯 고독과 외로움은 유장의 강물처럼 흘러 우리들은 태초부터 타고난 내안의 자신인 독자적 고독과 사회적 자신인 타자적 외로움으로 살아가고 있다.

질 들뢰즈가 주장한 다름과 차이를 존중해야하듯 우리들의 존재는 단독자였을 때 비로소 그 존재로서의 가치가 빛나는 것이다.

외로움은 슬퍼해야 할 일이나, 고독은 아프지만 홀로 즐기며 경지에 이르는 고고한 품위의 영성이다.

# 바람

부끄러워 얼굴을 숨기며
투명 가슴으로 풍경으로 다가온다
나뭇가지를 흔들고 내 뺨을 스치며
엉엉 울면서 뛰어 온다
존재를 알린다는 것,
눈물 없이는 볼 수 없는 것이다

가슴속 울음은 보이지 않는다
하지만 울고 있다
너를 위해 절절히 기도하는 것이다
바람처럼 소리 내어 울지 못하고
너를 흔들지 못하지만
속 깊이 멀미 이는 내 가슴속 바람은
너를 위해 엉엉 울고 있는 것이다

**시작노트**

두 지점간의 기압차에 따라 공기가 이동하는 것이 바람이다.

이 학문적 정의의 바람이 문학이나 예술에 미치는 영향은 지대하다.

시인은 이 바람을 물리적 현상의 바람으로만 한정시키지 않고 예술의 영역으로 모시고 왔다.

바람은 생명의 근간이다.

바람은 꽃가루를 멀리 날려 보내 풍매風媒를 시키기도 하고 꽃씨를 이동시켜 생명체를 확장 번성시키기도 한다.

반면에 공기의 흐름 즉 바람이 없으면 식품은 부패하기도 한다.

그래서 바람은 하나의 생명이다.

바람은 눈에는 보이지 않는다.

이 바람이 실물에 풍압의 에너지를 가함으로서 우리는 바람을 인지하게 된다.

말하자면 가로수가 흔들린다든지 물결이 인다든지 하는 현상을 눈으로 보고 피부로 느낌으로서 바람임을 알게 된다.

이처럼 바람은 자신의 존재를 철저히 숨기고 행동으로 말할 뿐이다.

바람의 종류는 숱하게 많다.

샛바람 하늬바람 마파람 된바람 강바람 산바람 골바람 해풍 무역풍 편서풍 여풍 미풍 태풍 하리케인 토네이도 등등 바람은 여여한데 우리 인간이 명명한 것뿐이다.

이 수많은 바람 중에 가장 강력한 바람은 심풍心風이다.

마음에 부는 바람이다. 이 바람은 건잡을 수가 없다.

사람에 따라, 놓여있는 처지나 감정에 따라 마음에 이는 바람은 희열의 미풍일 수도 있고 고통의 태풍일 수도 있다.

사랑의 바람은 희열과 고통을 함께 수반하며 일상을 휩쓸어 버리는 토네이도다.

시류時流나 유행流行에 이는 바람은 일시적으로 부는 회오리바람이다.

지금 각자의 마음에 이는 바람은 무슨 바람일까?

## 꿈꾸는 봄비

세상의 속살과 인생의 속살을 들여다본다.
살을 도려낸 뼈대의 슬픔을 아파하면서
나의 묘비명에는 무어라 쓸까

새벽, 비라도 흠뻑 내려주었으면 좋으련만
처마에 내리는 고요가 주는
아삭한 슬픔을 맛 볼 수 있을 텐데.

봄비에 젖은 나뭇잎처럼,
처연하게 방목된 언어들로
들숨날숨 한 올 한 올 엮어 상사화의
사연을 내뱉고 말 것을

앙상한
겨울 숲이 여유로운 것은 내려놓음이다
부족에서 오는 여유야 말로
진정한 잉여이니 봄을 데리고 온다

입춘이 싸리문 앞에 서서
겨우내 인내했던 기지개를 켜고
고개를 내미는 새싹의 입을 맞추며
목청을 연다

>

여분의 인생항로에 울려 퍼지는 포효
압축된 억압은 자유를 향하고
바다를 재촉한다
자유, 대자유 바다를!

# 내가 나를 위하여

결빙된 얼음
낮의 열기에 녹아 흐르는 백혈
재결빙으로 반복되는 상흔,
일생에 기억조차 하기 싫은 시절이 있다

기나긴 세월 속 불면의 밤
살아내야 함의 이유를 찾는,
닭 울음 우는 새벽의 문을 열었던 나날들
목숨 같았던 중량의 자존
붙들기 위한 몸살 같았던 몸부림
생존은 언제나 묵언의 공포와 나란하여
우울의 증세로 나날이 흐르던 가슴속
유장의 강물,
이제 그것 조차 그립다

한때의 유실이 시혼詩魂을 데리고 왔다
청춘 시절, 속세의 찬란함은 잃었지만
돌이켜보면 혼의 바탕이 되었던 한 연대기
忍苦의 文身은 무게중심이 되어
지난했던 고난은 가고
흔들리지 않는 공고鞏固함으로
심저 깊숙이 흔들리지 않는 고고한 자존自存

>

이순이다
집착에서 내려놓을 때
누가 나를 위로 할 것인가
스스로 나를 위안하라
스스로 나를 축복하라
스스로 나에게 탄복하라
스스로 나에게 도취하라
가볍지 않은 품격과 찬란한 雪夜를 위해

# 당신의 이름으로

겨울이 짙은 눈 내리는 날
아버지의 무덤가에서 피리를 분다
한 무리의 까마귀 떼들이
허공을 가로질러 산언덕으로 날아간다

피리소리는 온 묘지를 울려
언 땅은 녹아내리고 봉분의 침실은 열려
수십 수백 년 간 잠들었던 영혼들
일시에 깨어나고
백골의 춤이 난무한다

삶과 죽음의 경계는
피리소리에 허물어지고
오직 존재하는 것은 時空의 합치,
산자와 망자가 어우러져
눈의 나래를 타고 활공한다
마른 대지와 헐벗은 나뭇가지도
생명의 춤을 만끽한다

비운 자만이, 깃털처럼 나는
청아淸雅의 혼으로
고결한 난만爛漫*의 춤을 추는 것이다

* 난만爛漫 : 꽃이 활짝 피어 화려함.

# 연못

연못 속에는 밤마다 우주가 열린다
달과 별, 산과 들판이 물속에  피어난다
만상을 담고도 무거워하지 않는 연못이여
물결로 슬퍼하고 봇물 소리로 아파하자

내 안에는 날마다 축제가 열린다
너와 나, 선과 악 가슴속에 함께 노닌다
고단한 생의 지게지고 할 말 잃은 자여
詩로 슬퍼하고 목 맺힌 노래로 아파하자

# 잔불

한때 철없던 열정도
이제는 그립기만 하다

추억은 아직도 가물거리며
생채기 같은 사랑을 회억回憶하고 싶지 않지만
그리움의 불씨는 잔불로 남아있다고
바람으로 전하고 싶다

내 마음 한 켠, 아직도
아려오는 건
잊지 못해서가 아니라
그리움을 사랑한 내 마음을
사랑하기 때문이다

관계에 스며있는 지난 것들은
소소한 것마저
애달피 목이 메인다
고맙다
마주했던 시간들
지난 다툼도 애증愛憎조차도 그리워
아침을 두른 듯
장미는 그리운 전령으로

더욱 붉은가보다

잔을 들자
살아내어야 할,
살아내었다는 축배의 잔
함께 했던 모든 것들에 대해
꺼지지 않는 우리들의 의미
울음 같은 잔불을 위해

# 노모

황혼녘,
미풍에 낙엽 부스럭 거린다
입김으로도 날아갈듯
만지면 바스라 질 듯

한때 화려했던
한 시절 푸르름의 갈기
한 바람의 열정으로 뜨거웠지만

바위도 낙엽의 순리에
굴좌屈坐하며 엎드렸다

정결하고 풍족했던
가슴은 세월을 건너가고
거죽만 남은 빈 젖가슴

새털 같아
울음 날 것 같은
참을 수 없는 가벼움이여

## 복수의 미소

꽃 지고 수명 다한 호접난을
마당 귀퉁이에 팽개쳐 놓았다
긴 동면 겨울은 시간의 날들을
하루하루 잘라 나갔다

어느 봄날,
달력에도 새순이 돋았고
난 한 송이 농염한 미소의 자태로
내 앞에 나타났다

버려진 뼈마디 줄기마다
뾰족한 새순이 돋아나 나를 겨냥했다
푸른 칼날은 내 가슴을 찌르며
붉은 웃음을 통쾌하게 피웠다
복수는 요염하고 화려했다

나의 누선에는 급류가 흘렀다

# 존재는 무위다

간혹 허공을 휘젓는
새의 날개짓이
적막을 깨트리는 한낮

시공의 좌표에
존재를 점유하는 것은
풍장을 마무리한 나무의 뼈대뿐

지난 시절의 박제처럼
갈대는 여름의 추억을 상기하며
물기도 없이 서 있다
바람이 찾아와 악수를 청하면
함께 흔드는 일 뿐

흔들리며 퇴색해가며
기억해주는 이 없이
스쳐 지나 갈 뿐인데
생의 들판에서
부박浮薄하게 울먹이고 있다

# 참 아프구나, 기다림

겨울바람이 나뭇가지에 앉아
계절의 고삐를 잡고 회초리를 들었다
계절을 재촉하는 소리 잉잉거린다
갓 태어난 계절을 보담고 가는
여린 가지들은 순교자다
하롱거리는 세월은 다가올 듯 하다가도
멀리 달아나고 잔바람이 이는
주인이 떠난 골방은 허허롭다
탁발을 위해 떠나야 하는
나그네심정의 아버지
가지의 끝자락에서 외로이 흐느끼는
마지막 잎새 하나
지켜보는 언덕의 눈시울은 붉다
당신도 내 나이에 이런 심정이었을까
아, 아버지의 눈물 한 방울
소주잔에 떨어진다
술잔 속에 파도가 인다

휑한 하늘의 어깨를 토닥이는 바람과
발아래 가벼이 구르는 잎새들의 송가
바하의 교향곡보다 아름답다
외롭다는 것은 얄팍하다는 것이고

우리를 슬프게 하는 것은
각자의 눈금으로 타인을 재단하며
프로크루스테스의 침대에 눕혀
자른다는 것이지
행여, 세월은 사랑하는 님이 아닐까
많이도 기다리며 설레게 하는 것이라
기다림은 참, 아프구나

# 길 위의 동행

여명이 어둠의 꼬리를 잘라 먹기 시작할 때
하늘색시 낯빛이 볼그레해 옵니다
아직 남은 어둠은 도마뱀의 꼬리마냥
꿈틀거리고 있습니다
우리는 꼬리를 밟고 몸체를 잡았는 양
좋아라 합니다
어둠같이 질긴 삶,
다시 몸체에서 꼬리를 키웁니다
잘라도 끝이 없는 운명의 굴레에서
예기치 않은 운명은 기다리지 않아도
내일 밤이 또 오듯이 반복되리니
운명의 장난에 내가 나를 위로하는
울음은 아름답습니다

미리내 골짜기에 꽃 피고 뻐꾸기 웁니다
어느덧 한 해의 절반은 홍엽 속으로 물들어 갑니다
새벽 벌판의 순백에서 고요의 절정을 맛보지만
밤새 흰 눈 흩날려 백야는 추위에 떨었습니다
이윽고 나는 정열의 태양을 한 바퀴 돌았습니다

또 다시 꽃 피고 꽃 지고
헐벗은 나무들은 설야를 데려와 이불 덮습니다

아침이 오면 너와 나는 길을 떠날 것입니다
길은 숙명이니까요
외로운 길이라지만 곡진 길옆 모퉁이
쑥부쟁이가 손 흔듭니다

인생, 외롭지만 않은 길 위의 동행입니다

# 법기수원지 연가

산 너머 대숲 갈바람 노래소리
호수가 가슴을 열고 다가온다

호수 속과 내 속이 같다는 착각과
두 속을 뒤섞고 싶은 것은
함께 했던 모든 인연들이
송곳처럼 그리워지기 때문이기도 하고
물결 일렁여 삶을 헐렁하게 내려놓고 싶은 날
세상에 존존히 서 있는 이유가 궁금해진다

젖은 어깨 너머로 철새는 날아가고
저녁이 다가온다
붉게 흐르는 석양도 속절없다
그리움의 그림자 길어지면
초승달 띄워 밤물결에 그물 드리우리
서럽던 날들 줄줄이 올라와 꼼지락거리면
짚불에 올려 구수한 연기 피우며
한 잔의 깊은 설움 마셔주리라

출렁이는 노스탤지어
이제는 각자의 길로 돌아가야 할 시간
침묵의 노를 저어 호수에 닻을 내린다

# 저수지, 겨울

호수가 며칠 추위로
꽁꽁 얼었다

추위도 심장은 얼리지 못해
사랑모양의 연못이 생겼다

사랑은 만상을 담고도
무겁지 않은가 보다

연못 속에 겨울철새들이 날아들어
사랑거린다
사랑은 어떤 것도 녹이나 보다

나도 얼어붙은 마음에
뜨거운 심장 하나 갖고 싶다
언 손, 다가오는
너를 녹이고 싶다

# 마지막 의미

산다는 것이 가끔 고달프다고 느껴질 때
망망대해의 수평선을 걷고 싶다
귀신고래를 만나 출생의 비밀을 알고
헛웃음

때로는 인생이 유배지 같기도 하지만
마룻바닥이 끝이 아닌데
그 아래 주인을 기다리며 고무신이 숨 쉬고 있어
아름답게 피워내야지

기울어진 바퀴의 휠체어에 앉아
햇살로 허기를 채우는 중에
잊고 있었던 첫사랑으로부터
기별이 왔을 때
환희 피는 웃음
가끔씩은 이럴 때도 있는 거야

줄낚시에 걸려 선상에 막 올라오는
갈치의 춤을 보면 눈물 난다
도마 위에 퍼덕이는 눈부신 은빛
그 위의 빨간 루즈
그래 생존의 꽃밭은 도마 위의 목숨이지

>

삶의 꽃은 죽음이지
삶,
죽음을 피워내기 위해 봄을 기다리는거야

진흙 속에서도 피워야지
그래, 아름답게 가는거야

# 2부

# 生의 전환점에서

## 계절의 레퀴엠

언덕은 여름의 열기로
푸른 하늘을 다림질하고 옷을 여민다

칠석이 지나
입추가 창문을 열면
귀향은 키 낮은 나뭇잎 사이에
풀벌레 노래로 다가 온다

경사진 밭고랑에 찍히는 발자국마다
희뿌연 음표 피어나고
언덕을 몰고 집으로 가는 촌노의 발치에
아이의 웃음소리 묻어난다

밥 짓는 누이의 뒷모습에
풍성한 산등성이 보이고
암소 잔등에 저녁이 피어올라
저녁상에 불러 모으는
어머니의 애잔한 메아리 들려온다

뜨락에 노니는 낙엽의 황홀한 조락
만삭의 아람을 미련 없이 대지에 안겨주고

## 가을은 겨울을 위해 옷을 벗는다

### 시작노트

들길을 따라 소를 몰고 가는 한가한 시골풍경은 이제 사라져 버렸다.

학교 수업을 마친 후 친구 어럿이 소를 몰고 뒷산에 올라가 풀을 먹이며 그늘에 앉아 한가히 책을 읽는 풍경들도 이제는 찾아 볼 수가 없다.

칠월칠석날 바닷물에 해수욕을 하면 피부병에 걸리지 않는다는 옛부터 전해오는 말을 듣고 칠월 칠석이면 친구들과 선창가에 나가 파도가 무서운 줄도 모르고 밤바다에 뛰어 들던 일들이 아득하기만 하다.

정월 대보름날이면 집집마다 오곡밥에 생선찌개를 하고 귀밝이술을 한잔 했던 풍속이나 이웃집에 탁발하듯이 오곡밥을 얻으러 다니고 쥐불놀이하던 풍경도 사라져 버렸다.

머리에 키를 덮어쓰고 소금을 얻으러 다니는 오줌싸개 어린이들의 모습도 이제는 영영 볼 수가 없다.

저녁이면 가족끼리 평상에 둘러앉아 오순도순 얘기꽃을 피우며 저녁을 먹던 시절도 그립기만하다.

추석전날이면 추석빔을 입어볼 기대에 밤을 꼬박 새웠던

날들도 있었지만 지금의 우리 자식세대들은 항시 새옷과 풍족한 먹을거리가 주위에 늘려있어 추석이나 설날이 그립지도 않은 시대가 되어 버렸다.

한 세대가 다음 세대로 넘어가면서 너무나 많은 풍속들이 사라져 버린 것이다.

베이붐세대(1955~1963)는 전쟁이후의 세대로서 60~70년대의 고도경제성장기의 주축이면서도 1997년 외환위기인 IMF 때에는 40대 시기로 한 가정의 가장으로서 실직과 가정의 해체 등 급격한 변화를 겪은 세대이기도 하다. 부모를 봉양해야 하는 봉양세대로 진작 자신은 봉양을 받지 못하는 의무만 다하는 낀 세대이기도 하여 어쩌면 가련한 세대이기도 하다.

세상이 아날로그문화에서 디지털문화로 급속히 바뀌면서 정체성마저도 정립되지 못한 상태로 급격한 변화를 맞은 세대가 한국의 베이붐 세대다.

이제는 회갑을 지난 나이지만 그래도 힘들었던 6~70년대의 향수가 그립다.

## 바람의 깊이

노을은 땅거미를 타고
창가에 출렁인다
교정은 침엽수 마른 잎 떨구며
바람을 데리고 온다
노을은 바람벽에 인주로 번져
그리움을 새기는데
소멸의 뜨락에 풍금소리
외로이 집을 짓는다

어제는 남동풍, 구름 조금
이슬 맞은 그대 지난 날 뒤적인다
떠나는 것은 그립다는 말의 변증법
천형天刑의 춤으로
빛바랜 사진첩 속의 바람을 맞는다

유년의 운동장에 백엽상 펄럭인다
바람은 풍향계의 화살 심장에 꽂고
내 생의 습기와
존재의 화두
허무의 깊이를 재는 것이다
초저녁 별빛 한 줄기

## 부토腐土에게 길을 묻고 있다

### 시작노트

어느 날, 학교를 찾아 교정에 들어서면 유년 시절의 그 컸던 학교운동장이 손바닥만큼 작게 느껴질 때가 있다.

이 경험은 누구나 한번쯤 했을 것이다.

학생들이 하교한 빈 운동장, 해지는 서녘하늘의 눈시울은 점점 붉게 물들어 가고 분주한 일상의 운동장에 정적만이 몰려 앉은 空虛를 상상해보라. 이 空虛의 장에는 풍향계, 백엽상, 침엽수, 교정의 벤치 등등 서정의 시적 체험을 할 수 있는 대상이 자리해있어 존재의 깊이를 한 번 더 새기게 한다.

과거는 아픔이고 미래는 다가올 불안으로 느낀다.

하지만 아직 오지 않은 미래의 불안을 미리 가져와서 현재를 그르칠 필요는 없다.

그러나 과거의 아픔은 심각한 트라우마가 아닌 한, 때때로 그리움으로 다가와 아름다운 추억으로 전환되기도 하여서 카타르시스를 느끼게 한다.

텅 빈 학교 운동장에 덩그마니 서서 노을 지는 하늘을 쳐다보라.

저 멀리 어느 교실에선가 풍금소리가 들려오는 듯하기도 하다.

텅 빈 운동장은 많은 것을 느끼게 하는 感傷과 回想의 대상이다.

# 누구나의 가슴에도 강물은 흐른다

어느 추운 겨울날
그대의 얼음장 같은 발가락을
심장의 입김으로 녹혔던 날들
그 날들은 자꾸만 기억의 저편으로 아득해져만 갑니다
달그림자 유난히 길게 드리워진 솔향 날리던 그날 밤
밤의 침묵마저도 달빛에 녹아내리고
쏙독새 울음마저 잠들었던 그날 밤
우리는 예지된 운명을 맞이해 버렸던 것이오

지금 우리는 가난하고 험난한 세상여정을
새싹의 여린 심성으로 헤쳐 나가기는 힘겹지만
진정, 아름다운 사랑이 아름다운 사람이
항상 그대 곁에 동행하고 있다는 사실을 잊지 마시오

고단한 세월의 흔적 눈가에 새기지 맙시다
남기려거던 가슴에 새기시오
강물만큼의 눈물이 가슴에 흐르지만
세상의 한 모퉁이를 돌아설 쯤 언제나 그랬듯이
또 한 고비가 운명처럼 오리다

세상이 또 지긋이 눌리거든 살며시 비켜나
가슴의 한 귀퉁이를 내어 줍시다

단비를 맞듯 즐거이 맞으며 가슴에 꽃비를 담급시다

누구나의 가슴에도 강물은 흐르는 것이외다

# 인연의 카테고리

태양의 계절
그 열기의 씨앗은
시간의 뒷모습으로
산그늘에 묻혀가고 있다

빈들을 채우는 야생의 향연
들풀의 꽃으로 피어올라
그 향기 심연에 깊이 내린다

무량의 잔별들이 뿌려놓은
셀 수 없는 언어들 오가는 별 밭
잔 빛 언어들로
차곡차곡 쌓아올린 情의 산성이 남아

적막의 음률로 홰를 치며
출렁이는 살결 속
오롯이 남겨 놓은 궤적의 여운
인연의 카테고리 위로 부는 바람은
영속의 염원으로 불어오고

나목의 침묵이 고백의 입을 열어
최초의 역사로 소유됨을 알 때

온몸에 흥건히 적셔오는
치환할 수 없는 환희,

가슴속 깊숙이 묻어둔 '인연의 통장'
사랑의 원금과 그리움의 이자가
애달피 쌓여간다

# 생존

바람에 엎드려 낮게 핀
치자의 향은 날리고

수직 절벽의 한 귀퉁이에
바람의 소매를 부여잡고
온갖 풍상을 인내한 나리 한 송이
피고지고

폭풍이 지나가버린 하늘은
에메랄드빛으로 채색된 향연
우주는 공활한 화폭에 풍경화를 담고

하염없이 바위에 제 몸을 분화하고
대지를 연모하며 안기려는 파도

끝없는 수직 절벽을 기어올라
수평의 평원에 도달하려는 바람

하루하루 쉼 없는 거친 숨을 몰아쉬며
인벽人壁의 가시밭길 지나
깎아 다듬는 염원으로
우리들은 새 생명의 불길 돋우는 불가사리

생존, 숙명의 신비로운 축제인 것을………

# 중리를 추억하며

계절은 겨울,
바람조차 앙상한
잿빛으로 음울한 일요일 저녁에

바다,

푸른 민낯에 바람소리, 갈매기 울음같은
상치가 몰이칠 때
바다 멀리 정박선 불빛 가물거리는 고독
휑한 바람 한줄기 공허한 가슴 훑고 지난다

파도는 갯바위를 흠모하며 기어오르고
조약돌 구르는 소리와 갯내음이
서로가 풍경되어 달아오르는 시간에
한때의 중리 밤바다 통기타 소리는
향수 같은 계절을 앓아 구멍 숭숭 뚫린
곰피 얼굴에 자국을 남기고

말간 바닷물 속에서 춤추는
갈색 해조류의 적막을 들여다 볼 쯤이면
언제나 그랬듯이 소년시절
꿈꾸었던 것들과 다하지 못한

고백과 연민이 글썽여
추억은 색이 바라져 가슴속은 카오스로
파도와 함께 철벅여

이제,
지난 것들은 모두
향기로운 그리움

# 겨울단상

삭풍은 앙상한 가지사이로 불어오고
오리 한 쌍 호수를 건넌다
일렁이는 물결은 제 갈 길을 재촉하고
태풍에 수장된 나무의 정신은
한때 화려했던 계절을 품에 안고
수면 위로의 부상을 꿈꾼다

명징한 햇살의 뒷면
나신의 나무그림자에 숨은 계절
겨울의 흰 속살은 절대고독의 뼈대로 남았다
밤새 얼어붙었던 대지의 속내들은
햇살의 입김으로 녹아 내려
돌틈 나뭇잎 사이로 졸졸거리는 냇물
그처럼 마냥 하향으로만 살면
언쟁에 꽂히는 독가시의 고통은 면할 텐데
충돌 없는 동전의 양면으로 살면 어떠하리

냉골에 흐르는 기류처럼
밤새도록 뼈 속에 스며드는 그리움
귓가 맴도는 님의 숨결 소리는
아예 환청으로 들려오기까지 하는데
겨울은 청죽의 푸르른 꼭대기에서

아지랑이를 기다리며 파르르 떨고
나는 노을 진 그리움의 절정에서
혹시나 올지 모르는 님의 기별을 기다리며
시퍼런 가슴을 어루만져본다

# 나, 돌아가리라

바다에 달뜨면 나, 돌아가리라
파도가 일고 구름이 흘러가고
무수한 모래알처럼 무수한 사람들이 다녀가고
사람들의 조잘거림 속에는 나의 얘기는 없다
겨울바다 텅 빈 모래밭에 눈발은 날리우고
무량한 눈이라지만 바람에 흩날리며
허공 속 화려한 군무도 잠시,
바다로의 낙하
흔적 없이 일생을 다하는, 한때 화려했던 눈발
미련 없이 녹아내리는 눈의 일생을 바라보면서
훗날 우리들도 바다에 떨어지는 눈송이처럼
흔적 없이 사라질 운명이라는 것을
눈 녹듯 사라질 우리들의 관계를 생각해보면서
덧없는 생이라지만 눈물이 고이는 것은
관계했던 상대에 대한 예의이고
미더운 흔적이나마 가물가물 반추하고 싶은 것은
그 애잔했던 추억을 붙들고 싶음이고
아름다운 미련이다
달은 밤을 사랑하므로 어둠 속에 찬란하고
어둔 밤바다 등대불빛 외롭게 흔들리고 있는데
세상에 나의 쉴 자리 어디뇨
나, 바다에 달뜨면 돌아가리라

팽팽한 바람에 파도는 거세게 일고
밤배 한 척 어디론가 흘러가고 있다
누군가의 가슴속에 나 하나 남겨질 수 없다면
참 허무한 일이다
내 사유의 長江에 돛단배 하나 띄워
누군가의 가슴속에 나 하나쯤 흘러갔으면 좋겠다
타인의 가슴속에 남는 다는 것은
해질녘 먼 길 여행자 앞에 나타난 외딴 마을 같은 것
등불 꺼진 허전한 마음에 불 하나 밝힘이다
살아있음의 확인, 내 존재의 증명
외로움도 고독도 사치라지만 그것조차도
사랑하기 때문이다
사람을 그리워 한다는 것은 영혼이 익어간다는 것이다
초라한 내 영혼의 숙성을 위하여,
잔을 들자
내 한 잔의 술잔 속에 어리는 그 얼굴, 그립던 얼굴.
우리는 또 한 잔의 잔을 들어야 한다
상처 난 영혼의 한 부위를 위해.
우리들은 하나 뿐인 종착지로 가고 있다
종착지는 점점 가까이 다가오고 있다
마지막 종착지까지 함께 할 그리운 사람, 어디 있느뇨
바다에 달뜨면 나, 돌아가리라

# 인생계약서

나는 태어나자마자
나와 세상과의 계약관계로
인생계약서를 작성했다

슬픔과 고통은 인생계약서
필수 기재사항이었다

슬픔과 고통이 부당하여도
받아들여야만 했다

내가 걱정해야 할 일은
슬픔과 고통을 얼마큼 나답게
장식할 것인가 였다

슬픔 속에도 틈새가 있어
카타르시스가 숨 쉬고 있었고

고통이 끝나가면서 그 여진 속에
안도라는 희열이 숨 쉬고 있었고

슬픔과 고통은 개미 눈만큼의 기쁨도
황소의 눈처럼 커 보이게 하였다

>

슬픔과 고통이 저밀수록
내 인생 깊이는
늦가을 저녁 어스름 그림자처럼
고즈넉하게 길어만 갔다

# 고요를 희롱하며

철새는 하늘의 한 자락이 되었나
갈대 숲속에 빈 둥지만
덩그마니 남았다
한때 분주히 드나들며 속닥거리던
시절은 어디로 갔는지

봄은 개구리의 발정으로 흐르고
춘풍은 햇살 먹은 돌담의 아우성
구름은 어깨 위에 낚싯대를 걸치고
허공의 무료한 세월을 낚아채는
春日의 일기

먼 길은 앙상한 계절을 돌고 돌아와
봄의 싸리문 앞에 풀썩 주저앉았다
길의 여정은 안도의 한숨을 쉬며 글썽이고
봄 굴렁쇠 소리 저만치서 들려온다

계절과 계절이 만나는 교차점의 끝자락
입춘이 지나고 봄이 오는 길목에서
팽창하는 외로움으로 영소營巢하는
나는 또 하나 고요를 희롱하며
밑 빠진 슬픔으로 둥지를 튼다

# 마디와 옹이

휘어지지 않은 것이 없구나
밀려오는 파도조차 휘어진다
해안선도 돌아 휘어 바다를 포옹한다

날마다 해풍의 아침을 맞이하는
한 그루의 해송도 굽어져 염원하고
해암도 엎드려 기도한다

굴곡의 마디마디 마다
옹이는 가부좌를 틀고
내 인생 굽이굽이 휘어진 곳에
생의 아픔 옹이로 자란다
지나는 바람 눈물 훔쳐 위로하건만
해풍이 남겨주는 것은 소금뿐이다

바람도 세월도 마디가 있으니
세상 마디에 맺힌 옹이 없는 것이
어디 있겠냐마는 굽진 마디마디
옹이는 나무를 지탱하는 힘이고
내 휘어진 가슴 속 옹이는
나를 지탱하는 힘이다

# 밤에 쓰는 연가

저녁노을이 낮의 햇살을 거두어 가고
지친 일상이 베개를 안고 누울 때
개밥바라기별은 석양의 끝자락을
부여잡고 긴 여정을 떠난다

툇마루에 앉아 턱을 괴면
눈동자에 달이 떠서
먼 슬픔도 잔별들의 속삭임으로 다가오고
박명을 머금은 여린 구름은
서녘하늘로 떠나는데
아래 마을의 불빛들 침묵의 언어로
밤을 노래할 때쯤이면
적막은 옛일 떠올리며 그리움 몰려온다

듬성한 잔별들 외로이
이슬로 울음 우는 시간의 언저리
밤 부엉이 소리 어둠을 찔러
정처 없는 나그네 눈가에 구슬 맺힌다

아득한 것들과 지나온 것들
사랑했던 날들은 밤안개처럼 소곤거리며
빈들에 흩어진 이삭의 고독을 추스리고

추억은 들안개로 흐르며 개여울에 앉는다

오월의 봄날은 모란처럼 뚝 떨어져버리고
애잔히 서럽던 날들 줄줄이 데려오는 밤의 걸음
청아한 연분들 푸르름에 그리워져
인연의 그림자 길어진다
삶을 느슨하게 내려놓고 싶은 망종芒種의 밤에

# 포물선

삶은 고난이 던지는 포물선
포물선이 길고 높으면
생의 깊이도 면적도 넓다

삶의 포물선은 행동의 궤적이다
행동하지 않으면 사생자다
행동에서 인연의 포물선이 그려진다
인연이 동기를 부여하고
동기가 인생을 결정한다

선한 행동의 투망에는 선연이 걸려오고
불순한 행동의 투망에는 악연이 걸려온다
生의 포물선을 높이 그리는 것은
환한 인연을 만나기 위한 이유다

# 한 여름밤을 여미다

마당에 달빛 별빛, 신화가 구른다
평상平床에서 읽던 추억바랜 연애편지
아득한 현기증 피어오르고
뇌성의 전율로 전해오는 향수
달맞이 꽃잎 열리는 밤에는 얘기들로 무성하다

아, 너가 있어
소름 돋는 부활
더욱 바랄 게 없는 밤

청춘, 다시 되돌려 준다 하여도
돌아가고 싶지 않는 아슴함
초로에 피는 삶의 파노라마

개구리 우는 밤
문득 저수지에 던져본
돌멩이의 침묵소리
잔물결에 일렁이는 존재의 파장

깊은 밤 악보 위의 쉼표
무음이 연주하는 장엄함
혼자라는 심연에
그대 흐르는 아다지오

# 독백이라는

시간은 여명을 데리고와
어둠의 커턴을 걷고
박명의 빛발들은
오늘 하루를 모노극 무대에 올린다

구름은 흰 옷자락을 날리며
산맥을 질주하고
바람은 나무채로 허공을 두들기고
노을을 담은 강물은
물새의 노래를 듣기 위해
능사처럼 홀로 꿈틀거린다

독백의 무대
A4 종이 위에는 검은 약속,
구속의 기호뿐
차라리 악보였다면 음악이라도 들을 것을
주고받는 얘기들의 일상
철새와 함께 날아가 버렸다
신호등의 점멸처럼
인생은 독백으로 점멸한다

# 3부

# 잎새들의 頌歌

# 빗소리의 상념

넉넉한 비에 마음 적시고 싶을 때
빗줄기 음악처럼 내릴 때
사연 하나 둘씩 떠올라
숨은 촉촉이 잦아져 가는데
결미結尾는 한숨 뿐이다

빗소리가 전해 오는
성긴 시간 속에 찬비 후두둑,
빗소리는 사금파리 되고
비에 젖어 바람에 나부끼는 돈오돈수*와 돈오점수
시간이 주는 철듦의 선물, 가슴 후려친다

빗소리가 주는 상념은 언제나 그렇듯이
세월이 무한 유수하여도 너를 내려놓지 않는다
비 내리는 소리, 님이 오는 소리
내 너를 보고파 두 뺨 적시니 내 울음 처량타
갈애渴愛로 깊어가는 낙화의 소리 없는 울음
너가 다하지 못한 말
빗줄기는 내리면서 하염없이 전해온다

* 돈오돈수頓悟頓修, 돈오점수頓悟漸修 : 불교의 入道 방법론. '돈오돈수'는 즉시 깨달음이고 '돈오점수'는 차츰 깨달음을 말한다.

## 시작노트

세상의 속살과 인생의 속살을 들여다본다.

살을 도려낸 뼈대의 슬픔을 아파하면서 나의 묘비명에는 무어라 쓸까.

이 깊은 밤에 비라도 흠뻑 내려주었으면 좋으련만 처마에 내리는 고요가 주는 아삭한 슬픔을 맛 볼 수 있을텐데.

봄비에 젖은 나뭇잎처럼, 처연하게 빙곡된 언어들로 들숨날숨 한올한올 엮어 내 적막한 가슴의 처마에 주렁주렁 내달고 싶은 밤이다.

밤의 적막은 빔空이다.

빈들이 여유로운 것은 내려놓음이다.

부족에서 오는 여유야 말로 진정한 잉여이니 한때 무성했던 계절도 곧 사라져감으로서 또 한 계절을 채우는 이유가 되는 것이다.

잔인한 4월은 지나가고 꽃보다 아름다운 신록의 계절 5월이 시작되었다.

신록에 내리는 빗물은 청정한 이슬이다. 이 청아한 빗소리의 상념을 흠뻑

마셔보고 싶다. 찬란한 햇살 내리는 날보다 고독한 설움으로 적시는 비 오는 날을 내 품에 꼭 껴안고 싶음은 왜일까.

밤이 오면 달빛 잔별들을 마당에 데려와 평상에 앉아 추회와 추억을 마시고 싶다.

내가 살아 내야할 이유가 되는 사람과 함께라면 금상첨화일 것이다.

추억이 거창하지 않아도 좋다. 아담하고 소소한 얘기들은 더욱 좋다.

아직도 살아 내야할 여생이 있음은 축복이다.

# 콩나물의 노래

무명치마를 두른 며느리
시루 속에 죽비를 맞으며
잔치 뒤의 무성한 뒷말
똬리에 이고 깊은 우물을 건넌
어머니

집안의 잔치 때면
어머니는 아랫목 콩시루에
눈가의 이슬로 새싹을 틔우고
샛노란 소망을 밝히며
찬 어둠을 헹구었지

어두운 시루 속에 버티는 외발의 발레
서로를 의지하며 물의 뼈대 속
세상의 뭇소리 뿌리로 내리며
시루 속에 공명하는 정
아랫목에 둘러앉은 식구들의
소리없는 합창 '어머니의 노래'
잔주름 주름마다 스며든다

## 시작노트

60~70년대는 잘사는 집이나 못사는 집이나 집집마다 콩나물시루가 있었다.

특히 집안의 대사나 잔치를 앞두고는 큰 콩나물시루가 방구들 목에 놓였다.

가끔씩은 식구들이 번갈아 가면서 콩나물시루에 물을 뿌려주기도 하였지만

콩나물 기르는 일은 대부분 어머니의 몫이었다.

콩나물국이 식탁에 오를 때면 반듯이 어머니가 생각나는 것은 이 때문이기도 하다. 한때는 어머니와 그 시절의 향수가 그리워 조그만 콩나물시루를 구입해서 콩나물을 길러 식탁에 올리기도 하였는데 용기를 청소하는 일이 여간 번거로운 일이 아니어서 포기한 일이 있기도 하였다.

바다의 어류 중 작은 물고기들은 떼거리로 모여 큰 형태의 어류군을 이뤄 큰물고기의 위험으로부터 벗어나 생존을 유지해 나가는 모습을 볼 수 있다.

콩나물시루의 콩나물도 마찬가지다. 낱낱의 콩나물은 연약하기 짝이 없다.

하지만 빽빽한 콩나물시루의 콩나물은 서로가 서로의 뼈대를 기대면서 서로를 어루만지며 물관으로 부지런히 영양을 실어 날라 시루 속에서 꼿꼿하게 버텨내는 콩나물

이 된다.

방구들 목의 시루 속 콩나물은 부모님의 사랑얘기나 집안의 뒷담 등 온갖 동네 소문을 들으면서 자랐을 것이나 꼿꼿한 뼈대의 정신으로 비밀을 지키며 자기만의 길을 지켜왔던 것이다. 있는 말 없는 말 이말 저말 전하면서 이간질과 반목질시하는 인간들이나 자신의 영달을 위해 여기저기 기웃거리며 혼을 파는 인간들보다, 무명無名이나마 꼿꼿이 자기만의 자존과 자신존재의 숭고함을 지켜나가는 콩나물이야 말로 우리가 본 받아야 할 정신이 아닌가 생각해본다.

# 비와 벗

어느 먼 우주에서 흩날리는
별다발인가
키 낮은 찔레꽃에도
자주 달개비에도
논두렁 도랑가에도
별 눈물 총총히 꽂힌다

먼 훗날 내가 이슬처럼 가야할 은하
그곳 아득한 곳에서 뿌린 씨
여기 내 발아래
긴 여정의 종착지에 떨어져
물꽃으로 피어난다

오늘은 솔솔이 벗 오는 날
방죽 위에 핀 우중 속의 들꽃,
빈 들녘에 뒹구는 보리이삭
저녁 답,
낮게 깔리는 흙돌담 굴뚝연기
모두가 축제인 걸
그윽한 벗인 걸 이제야 알았네

# 깃털

바람의 입김에 놀라 덜썩인다
바람이 불어도 아프지 않다
바람 따라 날아가면 그 뿐

탱자가시 도깨비풀가시 솔가시
말言가시
메마른 겨울에는 가시들이 더욱 뾰족,
힘이 건고하다
그 중에 말의 가시는 심중을 깊이 찔러
가까운 가시일수록 심장을 겨냥한다

말의 가시에도 아프지 않는 깃털
중력을 받지 않는 깃털이고 싶다
탱자나무 속에서도 찔리지 않는
탱자새가 되고 싶다

보잘것없는 이름에 가진 것도 없어
너에게 줄 것이 없는 텅 빈 가벼움

깃털

자유가 난다

# 콩벌레가 되었던 그 겨울

장에 나간 부모님들의 귀가는 늦었고
일찍 찾아오는 겨울밤은 왠지 싫었다
생솔가지 눈물로 지어진 밥상이지만
저녁은 식구들을 불러 모았다

가끔, 쐥~ 불어오는 바람소리는
겨울의 고독감과 삭막을 더했다

지독한 겨울
창호지 외방문으로
삭풍은 사정없이 불어왔고
우풍은 윗목을 덮쳤다

뼈 속 깊이 새겨진 겨울밤 잠자리 추억 하나
밤이 깊어지면 육중한 솜이불 깊숙이 들어가
콩벌레가 되었다
차디 찬 이불을 데우는 콩벌레
온기를 기다리며 미동 않는 콩벌레

냉기가 나를 삼켜도 좋았다
차고 어둔 이불 속이라지만
하루를 마감한 안도安堵

나만의 우주, 구애 없는 사유의 자유
짧은 꿈속의 긴 행복

## 풀잎의 춤

태양이 애무하면 바람이 속삭이면
초연히 눕는 풀잎의 군무
하얀 속살은 눈부시다
태양의 열기에 지쳐버린 대지
다시 일으켜 세우는 그대 풀잎이여

밤바람 불어오면 이불 삼아 누우리
아침이면 다시 일어나 바람 부는 대로 춤추리
나직한 초연으로 바람 따라 구부리리
달관의 정점이고 자유의 푯대인

그대, 풀잎이여

# 딱정벌레

그대의 집은 대궐이지만
나의 집은 자그만 풀숲이라오
그대에 비하면 미미한 존재지만
이 풀숲에서만은 그대만큼 큰 존재라오

그대의 보금자리는 사시사철 회색이지만
나의 보금자리는 철마다 꽃피는
사철 푸른 집이라오
누구의 보금자리가 행복하겠소
그것은 아무도 모르는 일이외다

그대의 잣대로 나를 재단하려 마시오
그대 집 앞마당 한 평의 푸른 정원에도
내가 살아가는 거대한 세상이 있다오

그대보다 행복한 그 세상 말이오

# 돌담

고향마을 고샅길 돌아서는데
얼기설기 맨살 드러내어 놓고
오도독 겨울 나고 있는 돌담
담쟁이넝쿨 가녀린 손길이
온기로 꼭 보담은 돌담

높은 담장 인적 드물고
낮은 돌담 이웃 있어 좋아라
바람구멍 숭숭 뚫려
무너지지 않아 좋아라
직선 아닌 곡선이라
쓰러지지 않아 좋아라

퇴색된 암울한 빛이 던져주는
쓸쓸함과 경건함
만감의 세월이 교차하여
오랜 벗처럼 친숙하다

# 춘설

봄날, 밤이 새도록
그대 하얀 미소가
하염없이 내립니다
가지가지 마다 주저없이
화폭이 만발합니다

많이도 기다렸던 봄이었죠
눈 오는 봄날에
화려한 외출을 꿈꾸었죠

박물관 수장고에
무수한 세월 잠들었던 나는
하염없이 내리는
그대 하얀 입술의 입맞춤에
살며시 눈을 떠 세상 밖을 나옵니다

순정한 첫 발자국
아무도 밟지 않았던
그대 춘설에
따스한 흔적 남기고 가렵니다

# 파도

애련에 젖은 숨결로
노독路毒의 심장을 깨우라
염장된 울음으로
유폐의 길을 터라

바위에 부딪힌 하얀 멍들은
순교의 봉우리인가
쓰라린 그리움인가

쪽빛의 파노라마에
퍼덕이는 해무의 숨결을
너는 듣고 있는가

서러워 마라, 서러워 마라
어차피 바위에 부서질
하이얀 낙엽이라면

# 난향蘭香은 길을 건너고

계절이 쉬어가는 뜨락에는 꽃비 날리우며
나비 한 마리 봄을 몰아오고
다원茶園의 방석은 주고받는 정담을 데워
인연은 영글고 계절이 지나는 길목에서
추억의 잔을 들어야 할 때

한 때는 모란이 피고 라일락향기 가득했지만
누구나 가야만 할 길과 넘어야 할 고개가 있어
길 건너 피는 연꽃의 침묵을 들어야만 하네

저 건너 섬, 꽃피는 오솔길만 있지 않을 터
설사 돌밭길이면 어떠하리
진한 마음의 향으로 귀향하는 물결은
호반의 수련으로 꿈 피우리라

동굴 속 한 줄기 빛과 같은 다원을 회상하며
서로의 손길과 품속에 깃던 따스했던 연민의 정과
세월의 상흔으로 찬란했던 영광들
이제는 우리들 가슴속 추억의 샘물로
길어 올려 목을 적셔야 할 때
나는 이제 건너야 할 길, 이랑이 있는 밭길로
그윽한 난향을 보낸다

# 달맞이꽃

찬란했던 봄날은 지고
아직 입을 다물지 못한 달맞이 꽃잎은
지난밤의 이야기를 다하지 못한 것일까
가고 지고 처진 바람의 어깨처럼
흔들리며 잊혀져 가는 것이다

솔솔이 하얀 비단을 펼치는 는개비
먼 등대의 불빛처럼 가물거리는 애증愛憎
바이올렛의 연인은 저녁노을의 저편으로 기울었다
옛 연인을 그리는 것은 고독하기 때문이 아니다
사라질 것을 염려하기 때문도 아니다
단지 내가 잊혀져가는 존재가 되기 싫기 때문이다

먼 생을 신기루처럼 볼 수 있어 안개를 사랑했고
처마에 빗발 긋는 소리가 좋았다
한때 해질녘 어스름을 좋아했고
빈 들 가운데 보리이삭 타는 연기와
첫사랑의 키스처럼 구수한 내음을 사랑했다

사랑하던 내 취향의 것들이
폭이 좁아지고 추억의 탑조차 기울어 갈 때
일상의 상흔들 달빛으로 감싸고

허드레 잔별들과 노래하리라

소시절 조금의 후회는 없겠냐만은
그래도 다시 태어난다면
내 삶의 배역이 비록 초라할 지라도
중심에서 비껴난 표적으로
그냥 하심에 젖어 엎드려 살아도 좋다
지난밤 이야기 다하지 못한
서러운 낮달처럼
낮에 핀 달맞이꽃처럼

# 빈들

바람이 지나간 자리
텅 빈 들녘의 허수아비 어깨 위에
철새 날아 앉았다
묵음만이 맴돌던 쓸쓸한 들은 요란해져
부리에 쪼인 고독한 겨울은
몸살을 앓고 있다

내 청춘의 낭만이 지나간
마음 한 자리
세월 속에 부식되어
스산한 바람 스쳐 지나간다

육신은 세월 따라 겨울로 기울고 있으나
연정은 오히려 봄을 들이고 있다
내 가슴 빈들에 사랑의 철새 날아들어
붉은 생채기도 좋으니 부리에 쪼여
사랑의 몸살 한 번 앓았으면,

고독한 연정에 모닥불 한 번
지펴보면 어떠리

# 낮달

하늘 싸리문
한 줄기 환한 빛을 연다
수정되지 않은 꿈 빅뱅의 자궁 속
쓰나미로 쏟아진다

도마뱀 꼬리처럼 파닥이는 여름
시간은 빗장 걸린 햇살에 갇혀
추억 푸석거리고
정오를 이탈한 태양
아득히 서쪽 하늘에서 타고 있다

썰물과 밀물 느린 걸음으로
하루를 다녀오는데
목덜미에 걸린 슬픔
적막한 뜨락에서 일렁인다

설익은 설움 하나 고개 내밀어
지상 훔쳐 본다

# 만추

풍요와 설움이 함께하는 계절입니다
나이테가 하나 둘 늘어감에
세월의 주름에 감성을 가두었습니다
세상의 슬픔에 무뎌져 가고 있습니다

바람에 날리는 가을낙엽
아름다운 풍경만이 아닌 듯합니다
한 순간까지도 버티려했던
낙엽의 처절한 고통
손을 놓아버렸을 때의 절망
지탱할 수 없는 허공에 휘날리며
바닥을 내려다보는 고공의 추락을
생각해 봅니다

거리에서 낙엽을 쓸어 담는 이와
골목에서 파지를 줍는 할머니와
고공에 매달려 유리를 닦는 젊은이와
기사식당에서 설거지 하는 아주머니
미소 뒤에 숨은 세상의 풍경을
채색하는 가을길입니다
힘든 분들의 미소 뒤에 숨겨져 있는
절절한 심정을 헤아리는 섭리의 계절
만추입니다

4부

# 잃어버린 時間을 위하여

## 사는 갈피
### — 어둠의 역설

어둠을 요리한다 갈등의 잔여물 혈관을 흘러 노을로 물들고 백주 일상에 붐볐던 사위의 물상들 호젓이 누워 천상의 꿈을 꾼다 음악은 흘러 틈을 갈라놓고 그 틈새 점점 광활해져 칠흑 깊숙이 스며든 선율, 백화의 향기로 피어나고 천상의 소리 희락의 화음, 아다지오로 흐른다 덜컹 문이 열린다 열린 문틈으로 빛이 몰아친다 어둠의 심장 빛의 부리에 쪼여 가슴에 담긴 꿈들 바닥에 떨어지고 선혈은 낭자하다 기쁨의 화음 허공으로 사라지고 천상의 소리 이제 들을 수 없으니 차라리 무명으로 존재하였으랴

산다는 것은 아픔으로 담금질하는 일이여서
세월의 독에 추억의 장을 담그며
가끔은 어둠에 묻혀 가슴 적셔볼 일이다

**시작노트**

칠흑의 어둠 속에 갇혀 아무것도 볼 수 없다는 사실조차도 느낄 수 없을 때 패닉이 몰려온다.

이런 암흑의 어둠속에서 악기로 음악을 연주하였다.

내가 연주하는 것인지 어둠이 연주하는 것인지 분간이 가지 않았다.

단지, 그 공포의 칠흑공간에 음악이 들려왔을 때 그 공간은 우주만큼 큰 아름다운 공간이 된다는 사실이었다. 순간 빛이 몰아쳤다.

몰아의 순간에 어떤 사유인지는 몰라도 외력에 의해 틈새로 빛이 들어온 것이다. 빛은 선한 것만이 아니었다.

황홀감에 무르익던 공간은 빛에 의해 산산조각이 나버렸다.

산다는 것은 절대적이지 않다. 속세의 삶은 비교우위로 재단된다.

차라리 칠흑의 공간 속에 무명으로 존재하는 것이 행복할 수도 있겠다는 생각도 해보았다.

식자우환이다. 아는 만큼 괴롭다. 아는 만큼 느낄 수도 있지만. 산다는 것도 물리학에서 말하는 열역학 제1법칙인 '에너지 보존의 법칙'처럼 인생의 고苦와 행幸의 총량은 일정하다.

어느 쪽으로 기울어지는가는 삶을 얼마만큼 낭비했는가, 얼마만큼 노력했는가에 따라 판가름 난다.

물리학에 '엔트로피 법칙'이 있다.

동일계에 어떤 에너지를 가하지 않으면 시간에 의해 무질서가 확대되어 소멸된다는 법칙이다. 여기서 말하는 어떤 에너지란 인생과 비교하면 노력과 같다. 노력하지 않고 생을 낭비하면 우리네 인생도 엔트로피 법칙에 의해 무질

서로 무너질 수 있는 것이다.

이처럼 인생도 물리학의 엔트로피 법칙이 적용되는 것이라서 인문학과 물리학은 일맥상통하는 것이다.

"산다는 것은 아픔으로 담금질하는 일이여서
세월의 독에 추억의 장을 담그며
가끔은 어둠에 묻혀 가슴 적셔볼 일이나"

이 구절에서 아픔으로 담금질한다는 것은 생의 노고와 노력을 말하는 것이다.

노력없는 추억은 없다. 그리고 아름다울 수 없다.

인생은 아름다운 추억쌓기다.

# 밭고랑

밭고랑을 걷다보면
저쯤에서 다가오는 바람을 만난다
오뉴월 뙤약볕 숨통을 겨냥할 때
어디선가 불어오는 바람 훈훈하나
허허벌판 밭고랑에 불어오는
겨울철 삭풍은 스산하다

내 삶의 밭고랑에도
사시사철 바람이 불어왔다
보릿대가 흔들리는 것은
바람 때문이 아니다
자신의 살을 한 줌 떠서
이랑과 이랑을 북돋우는
고랑의 중심에 흔들리는 것이다

밭고랑 사이로 바람은 불어오지만
고랑은 흔들리지 않는 법
뒤 돌아볼 틈 없는 생의 여로
누구나 막다른 골목에 서서
서글펐던 한때,
세상은 복종을 강요하였지만
나의 정신은 흔들리지 않았다

>

겨울의 냉혹한 발길질로
늦봄 보리는 무성하게 익어간다
계절의 순환은 멈추지 않는 법
번성의 한 철은 어느덧 가버렸다

더 이상 거둘 것 없는 텅 빈 들판에
바람을 맞으며 서 있는
무던한 존재여,
너는 결실의 뼈대
나의 밭고랑에는 지금도 바람이 분다

## 시작노트

밭농사의 가장 기본은 고랑과 이랑이다.

뿌리내림과 배수와 통풍이 잘되도록 해주는 게 고랑과 이랑이다.

곡식이 자라려면 적절한 수분과 일조량이 있어야 한다.

다시 말해 물과 햇볕 그리고 바람이 더해져야한다.

이랑은 뿌리를 지탱해주는 힘이고 고랑은 배수와 통풍의 역할을 한다.

이랑은 아버지의 역할이고 고랑은 어머니의 역할이다.

두 요소가 조화를 이룰 때 탐스런 결실을 맺게 되는 것이다.

고랑의 흙을 떠서 이랑을 만든다.

어머니는 이처럼 항상 희생적이다.

보리는 4~5월이면 꽃이 피고 6월의 망종 무렵 수확을 한다.

지금이 수확기라서 보리벌판은 빈들이다.

이랑과 고랑사이에서 엄동설한 삭풍을 이겨낸 연약한 보릿대가 바람목에 서서 서로 힘을 합쳐 기대어 버텨선 악다구니가 참 애잔하기도 하다.

결실의 때가 다가올수록 몸과 어깨를 낮추고 바람에 역행하지 않으면서 조심스레 산고를 준비한다.

전혀 화려하지도 않고 있는 듯 없는 듯 꽃같이도 않은 꽃이 보리꽃이다.

이처럼 세상에서 가장 수더분한 꽃인 보리꽃이 떼거리로 평원의 밭을 이룰 때 세상에서 가장 아름다운 노스탤지아를 자아내는 보리밭이 된다.

# 생의 편지 I

— 고난 고독한 이의 위안을 위하여

'비록 차 한 잔이지만 그 한 잔에 담긴 사람의 정성은 향기로운 여백이다' 오늘을 여는 이 적막의 새벽에 찻잔 속에 이는 파도를 생각하며 고난과 역경 그리고 추억에 대한 소회의 편지를 올립니다 연일 맹추위에 칼바람이 우리네 맘을 움츠려들게 합니다 얼음판 위에서 발을 동동 구르며 얼음지치던 유년의 추억들 그리워지게 하는 추위입니다 이 겨울 매서운 바람 앞에 벌거벗은 니신으로 추운 밤을 껴안은 나무를 보면서 내 존재에 대한 좌표는 어딜까 하고 생을 되돌아보고 사색에 잠겨 봅니다 눈이 내린 순백의 정경은 계절이 주는 크나큰 선물로 심안을 가만히 들여다보면 색과 맛 결이 살아있어 이 또한 하나의 생명체임을 느낄 수 있습니다 격랑의 바다와 황량한 사막을 건너온 바람결 속에는 눈물로 적셔진 고난의 흔적들이 숨어 있어 색과 맛이 담백합니다 하물며 기류의 고저에 기인하여 일어나는 무생물인 바람에게도 고난의 흔적들이 녹아 있는데 우리네 굴곡진 인생들이야 오직 하겠습니까 나무에도 결이 있습니다 나무의 결이 아름다운 무늬가 되듯이 우리네 생은 고난과 역경의 고비를 이겨낸 흔적의 결들로 인해 아름다워지는 것이 아닐까요 비바람 맞지 않은 인생을 인생이라 할 수 있겠습니까 그러한 인생은 결이 없어 아름다움이 없고 추억도 없으며 추억은 새겨지는 것입니다 새긴다는 것은 조각입니다 조각은 각인을 해야 합니다 아픔으로 새겨진 마음만이 추억이 되는 것이지요 아픔이 발효되고 승화되어 내 생의 아름다운 추억으로 남게 되는 것이지요 고난은 아름다운 생을 만드는 소중함이며 먼 훗날 생을 뒤돌아 봤을 때 추회追懷와 추억追憶은 영혼을 맑혀 생의 자양분이 될 것입니다 인간은 누구나 공평한 시간을 갖습니다 하지만 그 시간 안에 농축된 결과물은 사람마다 다른 현재의 생을 살아가고 있습니다 현재는 곧 과거가 됩니다 과거의 생이 생긴다는 것이지요 과거의 생에 무늬가 없다면 잘 살아온 인생이라고는 할 수 없겠지요 추억이란 흘러간 과거의 스토리입니다 인생은 추억을 만들어 그 추억을 반추한다는 것은 또 한 번의 인생을 더 사는 것입니다 같은 시공간 속에 두 번의 인생을 사는 것인지라 추억은 행동하지 않는 자에게는 만들어 지지 않습니다 세상을 살다보면 고난과 역경이란 놈은 길도 가리켜 주지 않았는데도 내 집을 잘도 찾아와 어느 날 집 대문 앞에 문패처럼 서 있습니다 고난과 역경은 가만히 있는데도 제 스스로 찾아와 추억거리를 만들어주고 내 인생을 두 번 살게 해주니 고마운 존재입니다 엄동의 추운 겨울을 견딘 풀꽃은 진한 향을 내 뿜습니다 고난과 역경은 아름다운 추억거리가 되고 인간의 내면에서 풍기는 은은한 향기가 되고 내공이 됩니다 고난과 역경은 누구에게도 존재하는 것이며 또한 인생을 두 번 살게 하는 것이니 감사히 생각합시다 누구나의 가슴에도 강물은 흐르는 것이외다

## 생의 편지 Ⅱ

— 삶에 지친 중년의 위안을 위하여

목련꽃 눈부시고 꽃잎 흩날리는 환장할 봄날, 지난날의 음악들은 왜 이렇게 悲歌로 흐르는지 차창에는 긴 세월 봉인되었던 말들이 悲願의 눈물과 함께 어리고 다하지 못한 말들은 나뭇가지에 걸려 아픈 마음을 붉게 물들입니다 한 잎 두 잎 떨어지는 꽃잎. 아, 이 봄날도 무심히 가겠지요 소멸해가는 모든 것들에 연민의 정을 보내야할 때입니다 무심히 떠난 희원했던 지독한 사랑도 있었을 것입니다 연록 같은 순정의 밤을 불면으로 지새웠던 사랑에 한 마디의 위로는 차라리 얄미운 탁류가 아니던가요 모천으로 돌아가려는 연어처럼 추억은 사랑의 내음을 더듬어 옛사랑 바닷가 소담한 모래톱을 찾습니다 애잔했던 사랑의 기억들이 밀물처럼 다가오지만 어떤 기억들은 썰물에 지워버리고 한 잔의 술도 바다만큼의 술도 깊숙이 박힌 사랑의 상처는 달래지는 못할 것입니다 한 잔의 술에 돌리려한 옛 세월은 약속했지만 아, 되돌아가지 않는 세월의 추억들은 애틋함으로 남을 것입니다 중년은 고달파서, 가시 같아서 지난 삶을 되돌아볼 때마다 눈물이 고입니다 중년이란 비표에 자유를 결박당한 우리네 삶들, 중년에 담긴 짐은 소중하기도 하고 버릴 수 없는 짐도 많아 무겁기도 하여 중년의 수레는 U턴이 되지 않는 법, 굴곡진 생의 언덕을 넘어 먼 강을 건너왔습니다 되돌아 갈 수 없는 먼 유장의 강을 말입니다 중년이라 곁가지에 이는 바람의 울음을 견뎌낼 재간이 없습니다 누구나의 가슴에도 그리움은 잔잔히 흐르고 있는 법, 세월이 흐른 먼 훗날에도 시절의 그리움은 그대로 남을 것입니다 그때는 그냥 그리우면 그리운 대로 참이슬 적셔 주면 될 것입니다 또한 훗날 언젠가 세상과 작별할 날이 온다면 그리움을 가슴에 품고 '당신이 있어 참 행복했었노라'고 마지막 말을 남기면서 영원의 대지로 평안히 떠나가면 될 것입니다

# 바람 그물망

창밖 가을 풀벌레소리 요란하다 입추는 지났으나 여름의 열기는 아직도 맴돈다 절기도 뜻대로 가고오지 못하는데 하물며 무슨 힘으로 너를 움직인단 말인가 옥수수 수염에 달린 길고 세밀한 태양을 발겨내고 알알이 맺힌 알갱이의 정신을 씹으며 딸과 아들의 눈동자를 쳐다본다 송곳 같은 DNA의 정의에 흐뭇한 미소를 지으며 대대로 이어질 시선의 끈으로 투망을 던져 놓고 내 속을 들키지 않으려 살며시 거두어들인다 딸의 자궁 속에 한 생명이 움튼다 심장의 고동소리는 여름날의 옥수수마냥 키를 넘기며 증폭되고 있다 세월의 줄사다리를 타고 내려갈 유전자의 연결고리 내가 어찌 할 수 없는 서운함과 각자 스스로 할 수 있음의 대견함이 교차하는데 삶이란 온갖 매듭들이 만나는 그물망, 포획한 것 같으나 모두 달아나는 바람의 그물망, 어느 훗날 세상 이별식에 바람의 옷을 입고 맨손의 악수로 스쳐지나갈 한 꿈이여…

# 문풍지의 노래

동지섣달
겨울밤은 칼춤을 추었고
날이 서고 퍼를수록
문풍지의 소리는 빛났다

아랫목이 탐이 난 바람은
온 밤, 문풍지를 울리며
문지방을 넘으려 애를 썼다

안방의 유혹에 넘어간 바람
문지방을 떠난 뒤
문풍지의 노래소리 들리지 않았다

아랫목을 넘보지 말아야 했다
바람이 살 곳은 문밖의 문지방
제 자리를 비운 것들
세상을 울릴 수 없었다

# 포대기

엄마의 허리춤에 아기를 동여맨
포대기가 정겹다

따스한 봄날 시골 간이역
나무벤치에 살포시 앉은 아낙네
풀린 옷고름 사이로 젖샘은 분수같이 솟아
내 잃어버린 섯내기의 기억들 되살아난다

내 어머니가 그랬고
네 어머니가 그랬고
어머니의 젖가슴들은 그렇게
태양에 그을려야 했다

포대기 속 젖내 향기는
뽀얀 기적소리를 내는 고향역이다
포대기를 받치고 있는 아낙네의 손
눈물만큼 뜨겁다

어부~바,
어머니의 젖가슴 노래
아직도 내 귓가 달팽이로 맴돈다

# 무늬와 상처

휘날리는 꽃잎
화려한 무대 뒤의 시든 꽃잎과 낙화
가지를 붙들고 풍상을 인내한 꽃잎
오롯이 열매가 열린다
씨앗, 속 깊이 박힌 상처

낙화의 아픔으로
아파보지 않은 마음이
어디 사람마음이라 할 수 있느냐
파도가 있어야 바다이고
물결이 있어야 호수다

민무늬 치마보다
꽃무늬 치마가 아름답듯이
아픈 꽃무늬 새겨진 상처
사람들은 다시 너를 바라볼 것이다
고매한 삶, 희맑은 마음으로

# 무인도에 핀 칸나

아득했던 바다가 열린 날이다
두 파동이 만나 증폭되어
바닷길은 열려
해저 깊숙한 곳으로부터
잉태한 섬에서

바다의 석양은 화폭으로
그리움을 담아내고
낯설지 않은 언어로
예전에도 그랬던 것처럼
익숙한 포옹을 그려내고 있다

선홍의 꽃잎은
태초의 바다로부터 달려온
머나 먼 파도마저 멈추게 했고
이슬 머금은 꽃봉오리는 열려
환희의 통곡으로
무한의 그리움을 낳았다

뱃고동처럼 솟는 그리움을
갈매기처럼 활공하는 그리움을
씨방의 터짐처럼 붉게 발산하는

이 그리움을 어찌 하리오

외로워마라 서러워마라
춤추는 파도가 그대 곁에
영원의 인연으로 동행하리니
새벽 바다에 솟구치는
찬란한 태양을 맞이하라
남은 개화의 시절은
한 점 부끄럼 없는 찬란한 순정으로
무한의 그리움으로 새로이 잉태하리라

## 풍경독서風景讀書

어둠을 지우며 동을 틔우는
백마의 발자국소리
숲 속 풀벌레소리 깨어난다
구름 틈새로 삐죽 내민 햇살을 먹고
새들은 아침을 조우하며 노래하고
노래 소리에 먹구름은 무안해 하며
밀리 떠날 채비를 한다

지난 밤 꿈 속 긴 이야기들
아직도 귀에 아른아른하나
이제 매듭을 짓고 새 하루를 시작할 때
창가 커튼의 흔들림에 바람의 결을 보듯
연필을 쥔 손의 떨림에 혼불의 몸짓을 본다
삽을 쥔 농부의 팔뚝에 가을의 축제가 예정되어 있고
그물을 던진 어부의 눈망울에 만선의 꿈이 어린다

바람의 연서를 읽고 있는 창문
빈 허공을 가득 채우는 뻐꾸기 울음
단비 같은 아낙의 '채첩국 사이소' 소리
붉은 여명과 푸른 바다, 밤을 덮어준 갯내음

끊임없이 바위를 연모하는 파도

짚불 속 감자가 피어내는 구수한 연애담
물결처럼 흔들리는 개망초의 노란 속마음
돌담의 추억을 주워 담는 담쟁이덩굴
굴뚝에서 줄줄이 피어오르는 하얀 찔레꽃
잔솔가지에서 피는 어머니의 하얀 눈물

잘 여문 풍경과 내음들
피안의 문을 열어
협화음 음표들 우르르 쏟아내고 있다

# 바다 도서관

바람은 바다의 책장을 넘긴다
파도를 한 장씩 넘기면
조가비1p 뱃고동2p 갈매기3p…
태풍은 잠잠한 바다 속 앙금을 읽는다

너는 내 마음의 책장을 넘긴다
그리움을 한 장씩 넘기면
기다림1p 질투2p 보고픔3p…
사랑은 고요한 눈동자에 보석을 건다

# 산 그림자

제 무게에 버거워
무겁고 지독한 그리움 앓다
수선화의 전설이 되어 버리는
나르시즘

하늘침실 석양병풍 치고
땅거미 안으며
강물 속에 드러눕는
에로스

해질녘 어스름 들판의 평안
청솔가지 연기, 저녁밥상에
모여드는 情을 그리워하는
노스탤지어

# 고요마루*, 사랑

시간의 향기 겨울 숲 속으로 스며들어
한때 울창했던 숲의 추억들 더듬고
음향의 선율마저 황혼 속에 젖어들어
소매를 부여잡고 석양이 운다

사라질 때를 아는 아름다움
내 가슴 한 언저리 애잔히 멍들이고
저녁하늘의 붉은 세레나데
밤을 성배聖盃하는 서곡 울려 퍼진다

아득했던 주홍빛 그리움
추락하는 가을 알알이 담아
별빛 창가로 살며시 내 품에 안긴다

고요의 마루頂上는 소리 없는 격정
황홀한 굉음,
가슴으로 고요를 불살라
소리 없이 밤을 태운다

내가 이 우주 속에 한 점으로나마
존재하고 있는 것은 자그마한 기쁨이고
너와 내가 함께 존재함은

희열이고 살아감의 가치이다

백발白髮은 세월보다 한 발 앞서 가는 것
영속의 염원으로 산다는 것
순간순간 나는 너를, 너는 나를
그리움의 입김으로 사랑을 추회하는 것이다

* 고요마루 : 양산 원동면 내포리 소재. 인간이 가장 살기 적합한 해발 500m 고지에 위치한 한옥별장

# 법기수원지

수영강의 발원
천성산 아래 한 정점에서
낮고 깊은 곳으로 달려와
잠시 평온으로 머물다
물의 여정은 더 넓은 바다로 향한다
장구한 세월에도 한결같은 어미 젖줄은
끊임없이 베풀고 있으니
가히 생명의 大母이시라

바람도 여기와 잠들고
호수 속에는 산도 구름도 실린다
만상을 담고도 무겁지 않은가 보다
봄이면 온 산에 분홍 만발하고
호수에는 꽃잎 분분히 날리니
무릉도원이 따로 없다

한 시절 日帝하에 힘들기도 하였으나
어지신 우리 선조의 팔뚝 힘살로
피와 땀으로 다져진 둑은
묵묵히 후손들을 지켜주고 있다
격랑의 근현대사 속에
뭇 인물들이 여기 글을 새기고

웅대한 역사를 낳기도 하였지만
너는 변함없이 도도하다

한때는 은자의 몸으로 외로웠으나
이제 사람의 情이 그리워 문을 열었다
만인이 방래하여 서로가 서로를 위로하니
외로움은 면발치다
어제의 아픔 호수에 던져버려라
저 멀리 원경에서 평화의 물결
잔잔히 다가오는 연록의 아침을 본다

# 5부

# 存在와 實存의 유희

# 사르트르를 그리며

— 본질에 앞선 실존

실존을 사랑한 당당한 자
이유 없이 세상에 던져져 버린거야
자유의지로 살아야 해

본질을 사랑한 서러운 자
타의에 의해 만들어진거야
수단목적으로 살아야 해

하나 우리는
너와 나 관계의 바다에서 항해하는 존재
관계라는 격랑의 파도 속
순항을 위해서는 본질의 노를 함께 저어야해
관계의 고리를 끊을 수 없으니

실존을 사랑해야하는 이유가 있지
우리는 존재 자체로서 빛나는
위대한 인간을 지향해야 하리
생명은 존재하는 자체로서 신이니까

하나
실존이라는 요리 속에
향기 스민 본질의 양념을 뿌린다면

## 실존은 더욱 맛 나는 요리가 되지

### 시작노트

실존주의 철학자 장 폴 사르트르는 實存은 本質에 앞선다고 했다.

인간은 태어난 자체, 그 존재 자체로서 神性을 갖게 되는 것이다.

본질은 목적이다. 인간은 어떤 목적을 위해 태어나지 않았다.

연필의 본질은 글을 쓰거나 그림을 그리는 것이다.

이것이 바로 연필의 본질이고 목적이다.

그러나 인간은 물질처럼 어떤 사용용도의 목적이나 수단으로 태어나지는 않았기 때문에 존재 자체로서 고귀한 것이다

그래서 실존은 본질에 앞선다는 것이다.

모든 생명체는 태어난 후 필연적으로 생존에 직면하게 된다.

생명체가 자신의 생명을 유지하기 위해서는 타의 생명을 필요로 하게 된다.

다시 말해 타의 생명을 먹지 않고는 자신의 생명을 유지

할 수 가 없다.

하지만 타의 생명을 유린해서는 아니 되는 것이다.

타 생명의 희생으로 내 생명이 영위된다는 것은 어떤 측면에서는

誕生은 축복이 아닌 苦痛라고도 할 수 있다.

그래서 불교에서는 생은 苦라고 한다.

그래서 생존은 하나의 공포이기도 한 깃이다.

삶의 목적은 없다. 태어났기 때문에 살아가는 것이다.

'당신 삶의 목적은 무엇인냐' 이 질문은 우문인 것이다.

살아가는 가치는 무엇이냐?라고 물어야 하는 것이다.

살아가면서 삶의 가치를 발견하고 삶의 목표를 정하면서 내 존재의 가치를 발견하고 만들어 나가는 것이다.

이 가치의 발견이 철학이다.

인간은 자유의지에 의해 태어나지는 않았다.

하지만 자유의지에 의해 살아내야 하고 살아가야 하는 것이다.

사유의 자유와 행동의 자유가 전제함으로서 삶의 자유가 보장되고 존재하는 것이다.

인간을 가장 인간답게 만드는 것이 자유다.

그래서 어떤 구속도 원하지 않는다.

많은 것을 소유하려는 욕망은 바로 구속이다.

생존에 필수적 요소인 최소한의 욕망만이 행복의 첩경

이다.

에피쿠로스가 말한 평정심 '아타락시아'다.

행동하지 않으면 사생자다.

행동과 욕망은 다른 것이다.

욕망은 이기적 행위이고 행동은 이타적 행위를 말한다.

아무런 활동도 없이 아무 일도 일어나지 않는 삶은 올바른 삶이 아니고 죽은 삶과 같은 것이다.

행동하되 구애됨 없이 자유롭게 행동하여야한다.

모든 자유에는 책임이 따르기에 한편으로는 형벌일 수도 있다.

책임을 잘 완수할 때 자유의 인생은 아름다운 한 송이 장미로 피어나는 것이다.

인간은 혼자로서 존재할 수 없다.

사회관계망 속에 존재함으로서 비로소 사람인 것이다.

혼자만이 존재하는 것이 아니기에 관계망 속에는 본질도 있을 수 있다.

이것은 하나의 방편이다.

실존의 神性과 本質의 人性이 어우러지는 삶이 조화로운 삶이다.

## 버스정류장 근처

낙엽과 폐지는 축하 비행을 한다
시간은 심심치 않은 간격을 그었다
바람의 손짓으로 버스가 멈춰서고
배낭을 내려놓고, 다시 먼 길을 떠나는 버스
그림자가 길게 자라는 퇴근 무렵,
얼굴에는 전세딱지로 화장을 하고
목에는 비어홀 숙식세공
허리에는 배달원 모집
가슴에는 파출부 구함 이름표를 달고
구직의 살바를 잡아당긴다

실종된 아이를 찾는 광고지의 압핀은
도깨비풀씨 같은 숙제를 내민다
압류 경고문이 나를 압류하면
무인가판대의 동전 몇 닢
분실한 세상의 눈동자 읽는다
청소원 합격자 게시문에 마른목을 축인다
아이 몇몇 회전목마를 타고
구름 속을 질주한다

낙엽과 폐지는 다시 바람을 타고
귀가를 서두른다

우수수 값싼 인력시장마다
누리꾼 몰려든다 텅 빈
'하늘 게시판'에 평등과 분배라는
댓글 두 줄을 비망록처럼 남긴다

## 시작노트

도시의 거리는 만상을 담은 만물상이다. 거리는 가로수의 무성한 잎들에 업혀 시름을 달래고 있다. 자연은 사람살이의 고달픔을 잊은 채 비바람을 몰아치기도 하면서 우리들을 방임하고 있다. 버스정류장은 서민 생존터의 출발점이다. 버스정류장 근처의 거리는 언제나 그렇듯이 질척거리며 바쁜 삶이 조명되고 있다. 하지만 아무리 바쁘고 힘든 삶이라도 틈새가 있다. 안식의 틈새와 희망의 틈새가 있는 것이다.

빅터 프랭클은 자신이 쓴 소설 「죽음의 수용소」에서 '살아가야할 이유가 있는 사람은 어떠한 고난에도 견뎌 낼 수 있다', '모든 것을 빼앗겼음에도 불구하고, 아니 어쩌면 바로 그 때문에 우리는 해지는 자연의 아름다움, 그토록 오랜 세월 깨닫지 못하고 지나쳤던 아름다움에 넋을 잃었던 것이다'라고 말한다.

매일 매일의 강제노역과 죽어 나가는 사람들 속에서 해지는 저녁노을의 아름다움을 보고 감탄하는 것이다. 이처럼 저녁노을의 아름다움이 살아가는 이유가 될 수 있고, 바로 내 곁의 사랑하는 사람이 살아가는 이유가 될 수도 있다.

이 소설은 '정말로 중요한 것은 우리가 삶에 무엇을 기대할 것이 아니고 삶이 우리에게 무엇을 기대하느냐이다' 라고도 했다.

다시 말해 삶의 의미란 무엇인가? 삶에게 물을 것이 아니고 삶이 나에게 묻도록 해서 내가 삶에게 삶의 의미와 살아갈 이유를 말해야 한다. 타인이 자기의 삶을 살아주는 것이 아니라서 스스로 삶의 가치와 의미, 살아가는 이유를 발견해야하는 것이다.

거리는 살아있는 한 생명체다. 구인의 광고와 전월세 딱지가 거리를 그려내고 있다. 생존의 몸부림으로 허덕이는 실존 속에 가로수 그늘 아래 다정히 걷는 연인도 있다. 애환과 희망이 교차하는 풍경이다. 성장의 세로축과 분배의 가로축 좌표위에 정의와 평등의 조화로운 삶이 영글기를 바랜한다. 상식의 위대함을 믿으면서.

# 얼음꽃

폭포 한 모퉁이 헐벗은 나목
바람에 흩날리는 차디 찬 물보라 덮어쓰고
얼음꽃 되었네

허공에 날려 방황하는
물의 형상을 벼랑 끝의 절대고독으로
동결시켜버린 나목의
그 청고한 결정체 얼음꽃

성장판이 점점 닫혀갈 무렵
삶에 대한 회의와 의문은
황량한 벌판의 가시덤불 헤치며
귀향의 일념으로
내 꿈꾸었던 향기로 달려간 반생
아직도 미생의 바람은
된바람이나 갈바람으로 불어오고 있다

이것저것도 아닐 바에야
이것저것도 이루지 못할 바에야
차라리 수직절벽의 심정으로
결빙의 정신에 빛나는 얼음꽃이나 될 걸

# 커텐

주름을 펼쳐
주름 속 어둠의 조각들로
부끄러워하는 내 양심에
살며시 뿌려주오

양팔을 벌려
주름 속 태양의 알갱이로
종양으로 덧칠된 내 양심에
살포시 쏟아 부어주오

허리가 잘록한 완숙의 맵시로
이분법으로 얼룩진 내 양심을
반쯤 가려주오

# 공정

갈 길 잃은 진통제다
약봉지에 남아 있는 한 알
비린내,
더 이상 삼킬 수 없다

해 저물녘 들판
외딴집 굴뚝의 하얀 연기
어둠 속의 작별
백사장을 안은 은빛 젓줄
초가지붕 하얀 박꽃의 달빛 연주
사람살이 풍경을 꿈꾼다

자본은 지독한 삼투압
칼자루를 쥔 채
맨손의 하루벌이와 한 판 하자 한다
공정은 한 쪽 다리를 잃은 절음발이
비루한 구걸은 상속되고
사람살이 그림은 초상화된다

오늘은 어제보다 공정한가
시들은 공정 시장의 좌판에 쌓인 채
상생相生은 하수구로 흐르고

하루살이의 날개
바람의 심술에 갈라져
반나절의 삶 파닥인다

# 정情

1
정情도 내공이 있어
아버지 손바닥에 내리는 속 깊이 못 박힌 가시
손자에게 내미는 할머니 줌치 속의 찰떡
그 속에 정이 돌고 돌아 둥지가 된다
극과 극이 당기는 수평선의 줄다리기와
꿀벌의 구혼이 같을 수는 없는 것이다
결빙된 언덕은 봄의 입김에 화들짝 허물어지고
주전자를 껴안은 불의 가슴으로 김이 올라온다
산허리를 껴안은 강줄기는 숨소리를 내며
돌담의 어깨에 기댄 번뇌는 전신을 맡겨
정情을 추스른다

2
비 내리는 간이역의 외등은 밤의 우정을 지핀다
연례로 만나는 먼 정情은 담기는 시간이 짧아
빗물 흐르지 않는 국지성 스콜이다
고금리로 갚아야 하는 친구의 빚 독촉은
북반구의 수목한계선에 부는 익명의 칼바람이다
굴레로 불어오는 바람의 뚜레증후군*
짙은 밤의 등허리를 매만지며 가슴을 내어주고
양심자전거가 휑한 울타리를 세우며

서로의 빈자리가 따뜻한 둥지 속의 날개가 되기를

3

누런 창공을 써레질하는 고공크레인
희망버스 도착할 기미 멀지만
애절한 정情으로 울음 삼키며 갈매기는 날아든다
하늘사다리를 타고 올라가 생을 결단하며
방울토마토를 키우는 이에게
내 편한 것 모두가 겸연쩍어
애틋한 정情이 방울방울 달리는 것이다

* 뚜레증후군 : 무의식적으로 어떤 행동을 반복적으로 행하거나 소리를 내는 증세.

# 형광등

형광등불은 60Hz(헤르쯔)
1초에 120번 깜박인다
한번 살기 위해 두 번을 죽어야 하는 것이다
연방 불을 밝히고 있는 것으로 보이지만
순간순간 삶과 죽음을 드나들며
골병든 속으로 웃고 있을 뿐이다
그래도 어둔 방을 밝히며
너를 위해 웃을 수 있어 행복하단다

형광등불은 직류直流가 아닌 교류交流다
교류는 소통하는 것이다
네가 있음으로 내가 있고
내가 있음으로 네가 있다
나를 죽임으로 점등되고 소통되는 것이다
조석으로 매일 두 번 죽을 각오여야
하루를 잘 사는 것이다
죽지 않으려고 발버둥 치지마라

# 풍장風葬

수평의 저울 마주하는
욕망의 두 그림자
시소게임하며 무게를 겨룬다
빛의 시간은 허공을 찔러
양심의 균형을 깬다

날 선 바람의 끝자락에
빰은 상기되고
성난 핏줄 소용돌이친다

미소는 분수로 날리고
풍선은 뚫린 구멍으로
세상을 불평하며 날아오른다

옹이 진 생, 갈 길
절반에 다다른 수레바퀴
고갯마루에 걸려 기우뚱거린다
수레에 실린 비릿한 소문
뫼비우스 띠를 감고 무한 질주를 시작한다

벌판을 횡단하는 양심의 그림자
심장은 독수리 부리에 쪼이고

아무도 귀 기울이지 않는다
바람이 인다
푸르러야 할 담장 위에
양심이 바람 속에 묻히고 있다

# 관계

소리 없는 날개짓으로
허공을 흔드는 솔개
바람은 솔개에게 명 한다
허공의 초점으로 결합하기를

햇살 발라 먹고 휘파람 부는
창틈과 바람의 합창
관계가 오고 가는 카테고리다

태풍을 몰고 오는 중심은 압축파일
만남의 중심에 서면
무수한 사변事變들 원의 궤적 이룬다
원심력과 구심력의 팽팽한 줄다리기
관계자간의 악수다

관계,
서로가 서로를 당기는 힘의 흔적
흩날리는 먼지도
만유인력이 있어 외롭지 않다

# 눈 내리다

환희가 휘날리누나
혼불로 타다 광야에 뿌려진
시혼의 춤꽃 잔치

허공은 생동의 공간
수많은 생명들 한바탕 노닌다
대지는 순백純白의 묘지
무량의 히물들
훌훌 털어버린 삶의 부스러기로
곤두박질 대지에 묻힌다

에피쿠로스를 만나다
가까이 다가와 살며시 손을 내밀다
모든 감각은 쾌락을 지향하나
육신의 오감은 호리병 속에 갇혀버려
자유에 허기진 영혼 춤판 벌어진 창공에서
무희들 희롱하며 발아를 꿈꾼다

오선지 위의 음표들 창을 열고
휘날리는 제 짝을 찾아 발정한다
창밖에는 신음소리 난무한다

>

봄 시샘하는 때늦은 춘삼월의 눈발
눈발 뒤의 아득한 산등성이 곡선
혼미한 나신裸身

# 물구나무서기

달빛줄기 꽂히는
심연의 마당에서
푸른 달빛으로 마음을 구우며
그리움 말린다

창연蒼然한 빈공貧空에 날세운 발
낙엽보라 날리며 바람을 할킨다
지구의 중심으로 수직을 세우며
그리운 마그마를 향해
뿌리내리는 눈부신 유영
순간의 불꽃으로 피어날
운명의 물구나무서기여

한 순간 불꽃으로 산화되어도
기쁜 그리움이여
나무가 물구나무서는 이유이려니
내가 매일 숨 쉬는 이유이려니

# 아침 건배

이슬은 밤의 주름을 다림질하고
여명黎明은 새벽을 깨운다
햇살은 무지개를 스케치하며
기지개를 켠다
잎의 계절
숲의 푸른 치마를 두르고 있다
먼 곳을 달려온 재첩의 뽀얀 입김에
아침은 볕살을 펴고 시골장을 연다

그리움에 달려가는 선창가
유년의 뱃고동소리 들려오고
출렁이는 남빛 갑판 싱싱하다
만선의 깃발을 꽂으며
하루를 흔드는 아침
수부들의 방은
하루치의 역사를 위해 출항을 연주한다

압력솥 김 오르는 소리
아버지라는 기차가 아침을 싣고
기적을 울리며 평행선을 달려가고 있다

# 딱따구리

누군가의 우중충한 말에
속이 상해
호젓한 산길을 걷다
온 숲을 울리는 목탁소리

고목나무 목탁에
머리가 부서지도록 두들기는
딱따구리 온몸의 목탁채,
한 끼 양식 생존의 몸부림
멀미가 난다

속세 널브러진 세상사
잡념에 못 견뎌
배회하는 산길

다시 들려오는 목탁소리
탁탁탁~ 탁탁탁~
스승님의 죽비소리
탁탁탁~ 탁탁탁~

빈 것과 빈 것의 만남
속이 텅 빈 고목나무와

내려놓은 겨울 숲, 꽉 채움
빔의 울림 공진
목탁소리에 하산한다

# 독가시 입술

사람들은
음악이 '아름답다'라고 말한다
더 아름다운 것은
詩라고 말하기도 한다

익숙했던 입술들이
독가시보다 더욱 아프게 찌른다
오늘도 관계 속에 부대끼며
속이 뒤집혀도 웃어내는 너의 미소
눈시울에 노을이 붉게 하산한다

뭇 일상에 찔린
속 뒤집힐 지라도
잡동사니 오늘을 싣고
짐수레 꿋꿋이 밀고 가는 너
짠한 너가 詩보다 아름답다

후기

# 내 삶의 철학적 斷想과 문학적 思惟

김찬식 시인

# 大敍事詩인 삶과 소통의 神, 실존론과 神 그리고 루크레티우스

김찬식 시인

문학이란 사유하는 것이고 사유하지 않으면 어떤 문학도 어떠한 예술도 탄생할 수 없으며 존재할 수도 없다. 모든 사유는 문학화, 예술화 할 수 있는 것으로서 문학과 예술은 쟝르상 방법론의 차이일 뿐이다. 철학이란 무엇인가. 역사란 무엇인가. 생명이란 무엇이며 인간존재의 가치는 어디에서부터 찾아야 하는가. 이런 의문들은 문인으로서의 지녀야 할 근본적 요소다. 문학과 예술에 철학이 깃들어 있지 않으면 깊이가 없다.

문학도라면 입문 전에 반듯이 기본철학을 소양으로 가져야 하는 것은 이 때문이다. 철학이란 'philos(사랑, 앎)와 sophia(지혜), 즉 필로스와 소피아와의 합성어이며, 지혜(참, 앎)에 대한 사랑으로서 참된 지知를 향한 모든 행동이다.' 라는 것은 우리 모두가 주지하고 있는 바다.

철학은 고대철학, 중세철학, 근대철학, 현대철학 등 시대적으로 구분되나 기원전 고대 그리스 시대에 근현대 철학이 완성되었고 현대 철학은 여기에 색을 입히고 덧칠하는 작업일 뿐이다. 현학적인 철학이론을 떠나 철학을 한마디로 정의하라고 하면 어떻게 정의할 것인가. 어렵고 거창한 철학을 한마디로 정의하라하면 언어도단이라고 할 수도 있겠지만 철학이란 생각만큼 거창하지 않다. 우리는 일상생활에서 늘 철학을 하고 있는데도 느끼지 못할 뿐이다.

철학이란 무엇인가? 한 마디로 요약하자면 '무엇을 어떻게 생각할 것인가' 이다. 다시 말해 '어떤 대상에 어떤 가치를 부여할 것인가' 이다. 이 철학이란 사유의 도구를 빌리지 않으면 서진書進할수 없기에 바다의 신神 포세이돈이 만능의 삼지창 트라이던트를 어깨에 메고 바다를 종횡무진 했듯이 철학이란 삼지창을 들고 문학과 사유의 바다를 헤쳐나가고자, 먼저 생명의 탄생과 인간과 예술에 대한 단상부터 사유하고 문학에 그 사유의 옷을 입혀 보고자한다.

## Ⅰ. 생명의 탄생과 엔트로피

생명은 빅뱅의 에너지와 소립자에서 우연히 탄생되었다. 생명은 신비나 기적이 아닌 물질의 충동과 욕구다. 모든 물질(분자, 원자, 소립자)은 결합되고 조직화되려는 성향과 열역학 제2법칙인 엔트로피를 갖고 있다. 생명은 이 물질의 결합되고 조직화되려는 본래적 성향과 엔트로피의 증가로 인해 에너지의 소멸상태인 죽음에 이르지 않으려는 물질의 본성에서 탄생되었다. 모든 물질은 시간이 경과함에 따라 엔트로피가 증가한다.

생명은 안정유지의 본성에 의해 유전자라는 것을 만들어 새로운 세포에 전달함으로서 엔트로피의 증가를 막고 에너지를 계속 유지시키는 것이다. 이것이 성性을 탄생시켰으며 행복과 쾌락을 부여하는 달콤한 유혹으로 성의 결합을 유도시켜 후손을 낳게 하여 영속적으로 생명을 유지시키게 하는 것이다. 또한 불편하게도 자웅동체가 아닌 자웅이체로 성을 구별시킨 것은 종족보존에 유리한 유전의 법칙 즉 우성의 법칙에 의한 것이다. 이것은 질 들뢰즈의 서로 다른 것의 결합은 창조이며 발전을 의미한다는 것을 증명하는 것이다. 그러므로 노쇠하면 생명을 다하는 것이고, 엔트로피가 다할 쯤 빨리 한 줌의 흙으로 돌아가는 것이 후손들의 수고를 덜어주는 것이고 후손들의 에너지를 덜 고갈시켜 생존경쟁과 종족보존에 유리한 것이다.

모든 생명체 중에 인간이 위대한 것은 사유력과 상상력을 갖추었다는 것이고 사유력과 상상력을 기반으로 하여 생성되는 능력 중 으뜸의 능력은 가치판단의 능력이다. 가치판단의 능력 중에 또 으뜸의 능력은 미학적 분류능력이다. 미학적 분류능력에서 예술이 탄생하는 것으로서 이 예술이 인간과 동물이 구분되는 잣대가 되는 것이다. 예술은 당장의 눈앞인 생존에는 비생산적일지 모르나 고단한 인생에 위안과 행복과 쾌락을 주고 가장 인간다움의 가치를 깨닫게 하는 것이다.

예술은 에피쿠로스의 쾌락주의에서 주장하는 인간의 행복의 요소 중 정신적 행복에 중요한 부분을 차지하고 정신적 행복과 희열을 주는 강력한 요소로서 지속적인 행복을 준다. 에피쿠로스의 쾌락주의는 방탕적 쾌락이 아닌 절제적인 쾌락이다. 에피쿠로스는 유신론적 사고가 아닌 유물론적 사고로 행복을 주장했으며 행복을 평온하고 자율적인 심신의 안정 상태라 말하고 이것을 '아타락시아'라고 불렀다. 이것이 우리가 소위 말하는 에피쿠로스의 쾌락주의다. 다시 말해 정신적 행복을 우선하는 행복론 이다.

## Ⅱ. 神과 루크레티우스, 『사물의 본성에 관하여』

시대적 변화에 따른 신과 인간의 관계를 소고해보면 그리스 로마 시대, 즉 고대(B.C1600~A.D476)는 신과 인간이 공존하는 시대로서 논리를 숭상하는 합리적인 인본주의 시대였다. 그리스신은 신과 인간의 경계가 모호할 정도로 신은 인간적 면모를 갖추고 있었고 인간과 마찬가지로 사랑과 미움, 질투 등 희로애락의 감정을 갖는 인간적인 신이었다. 신이 인간이 되고 인간이 신이 되는 인간과 신이 공존했었던 시기라서 신과 인간의 관계가 멀어지지 않고 서로 친숙했다. 그러나 중세(476~1453)에 도래해서는 신은 인간에게 절대자로 군림하였다. 476년 서로마제국 멸망 후, 중세에 이르러서는 시대적 패러다임이 완전히 바뀌게 된다. 중세 약 1000년간은 인간 삶의 모든 중심이 인간 본연에서 신의 뜻에 따라 사유하고 행동하는 신이 중심이 되는 시대가 오게 된 것이다. 이는 어떠한 합리나 타당도 크리스트교의 교리에 위배되면 응당한 대가를 치뤄야 하는 시대가 된 것이다.

일례로 코페르니쿠스의 지동설을 옹호한 갈릴레이 갈릴레오는 법정에서 사형선고를 면하기 위해 마지못해 천동설을 수긍하고 나오지만 법정을 나서자 말자 인구에 회자되는 그 유명한 말, "그래도 지구는 돈다"라고 했다. 이때가 1633년이다. 갈릴레오는 종신형을 받았고 그후에 교회의 자비로 가택연금으로 감형 받았다. 코페르니쿠스가 1543년 지동설을 주장한지 근 1세기가 지난 때이지만 법정에서 지동설은 일축되고 판관은 '신만이 안다'라고 했다.

이처럼 보편타탕한 과학적 증명이 있더라도 신은 어떠한 논증도 뒤집을 수 있었고 신은 절대적이었다. 중세유럽사회는 인간 삶의 전 영역에서 신이 개입되었고 인간사유와 행동 모든 것들이 종교의 지배를 받아야 했기에 이 중세 천년 간의 시기를 암흑기라 하는 것이다.

그러나 이 중세에 우리는 크나큰 시대적 변환점을 맞이한다. 바로 신본주의神本主義에서 인본주의人本主義로 변환되는 르네상스의 탄생이다. 르네상스의 탄생은 1417년 겨울, 남부 독일의 한 수도원의 서가에서 교황비서였던 포조 브라촐리니가 옛 필사본『사물의 본성에 관하여』를 발견함으로서 탄생하게 된 것이다. 무려 1400여 년간 어둠에 묻혀 잠들어 있던『사물의 본성에 관하여』가 잠을 깬 것이다. 이 책에 대해 간략히 소개해보면, 당시로서는 신의 인간에 대한 절대적 관계를 부정하는 에피쿠로스의 사상을 체계적으로 이은 '유물론', '무신론', '원자론'과 같은 금기의 사상들이 숨어 있어, 그 시대의 사상으로서는 도발적이며 혁명적 사유인 장편의 철학적 시로 엮은 책이다.

이 책은 예수가 태어나기 전 기원전인 1세기 로마 사람

루크레티우스(기원전 99~55년)가 지었으며, 에피쿠로스(기원전 341~270) 사상을 가장 체계적으로 정리한 책이기도 하다. 총7,400행에 달하는 장시이며 호메로스의 시작詩作과 같은 6보격 형식으로서 고대 서사시의 전통적 형식을 빌렸다. 소제목 없이 6권으로 나뉘어져, 철학, 쾌락, 생生과 사死, 물질, 성sex, 종교 등 모든 사물과 정신에 대한 본질적이고 복잡한 물음에 대해 명료하게 답하고 있다.

루크레티우스는 '우주는 물질계 속의 무수한 원자들로 구성되어 있고, 우리 인간들도 그 물질계의 일부인 원소들로 이루어졌다. 모든 만물은 시간의 흐름 속에 진화하고 조물주의 설계도는 존재하지 않으며 그 어떤 것도 영원불멸한 것은 없다.' 라고 말한다.

루크레티우스의 『사물의 본성에 관하여』 중에서 일부를 발췌해본다.

"그들도 우리도 끝내는 죽는다.", "나는 그대를 위해 하늘과 신들의 최고의 이치에 대하여 논하고 사물들의 기원을 밝히려 하노라." "자연은 그것으로부터 모든 것을 만들어 내고, 키우고, 사멸하도록 다시 그것으로 헤쳐 보냈으니, 이것들은 재료, 사물이 될 생산의 몸, 씨앗, 첫 번째 알갱이 모든 것이 이로부터 나왔노라." "인간의 삶이 무거운 종교에 눌려 땅에 납작 엎드려 있을 때, 처음으로 한 희랍인이 필멸의 눈을 들어 감히 그에 맞섰다." "그는 자연의 문에 굳게 채워진 빗장을 부숴버렸고, 우주의 끝을 벗어난 저 머나먼 곳으로 눈을 돌렸다." "그는 측정할 수 없는 우주로부터 무엇이 생겨나고 무엇이 생겨날 수 없는지, 그것들은 어떤 이치에 의해 그런지를 말해주었다. 그리하여 이제 종교는 우리의 발 아래로 내던져졌고 승리는 우리를 하늘과 대등한 존재로 만들었다." "신들의 모든 본성은 자체로서 최고의 평화 속에 불멸의 시간을 즐기는 것이어야 하기 때문이다. 우리의 일들로부터 격리되어 멀리 떨어진 채, 왜냐하면 그것은 그 어떤 고통도 없이, 위험도 없이 스스로 자신의 풍요함으로써 권능을 지닌 채로, 우리들을 전혀 필요로 하지 않으며, 제물에 의해 환심을 살 수도 없고 분노와 접촉하지도 않는 것이니 말이다." "사물은 눈에 보이지 않는 작은 입자(원소)들로 만들어진다." "우주에는 창조자도 설계자도 없다." "일탈은 자유의지의 원천이다." "자연은 실험을 멈추지 않는다." "우주는 인간을 위해서 혹은 인간을 중심으로 해서 창조된 것이 아니다." "사후세계는 없다." "죽음은 우리에게 아무런 의미가 없다." "인간 사회는 평화롭고 풍부하던 황금시대 시작된 것이 아니라 생존을 위한 원시의 전쟁 속에서 시작되었다." "인생의 최고의 목표는 쾌락의 증진과 고통의 경감이다." "쾌락에서의 가장 큰 장애물은 고통이 아니라 망상이다." "천사나 악마, 귀신같은 비물질적 영혼은 존재하지 않는다."

— 루크레티우스의 「사물의 본성에 관하여」 중에서

여기에서 희랍인이란 에피쿠로스를 지칭하며, 루크레티우스가 신과 종교, 죽음에 대하여 많은 부분을 할애함으로서 그에 대한 불안감과 공포를 해소시켜 르네상스를 일깨웠던 것이다. 군주론의 마키아벨리, 수상록의 몽테뉴, 유토피아의 토마스 모어, 만유인력의 아이작 뉴턴, 미국 독립선언서의 토마스 제퍼슨 등 수많은 학자들이 루크레티우스의 『사물의 본성에 관하여』를 읽고 영감을 얻었던 것이다. 갈릴레이 갈릴레오의 천문학에도 영향을 미쳤으며 특히 알베르트 아인슈타인은 이 책을 읽고 원자론을 연구하는 자료로 삼기도 했다. 이처럼 루크레티우스의 『사물의 본성에 관하여』가 근현대의 철학, 인문, 과학, 예술, 전 분야에 미치는 영향은 지대하다.

결국은 기원전 1세기 루크레티우스가 쓴 『사물의 본성에 관하여』가 발견되어 시대적 사고를 신본주의에서 인본주의로 전환시킴으로서 르네상스가 탄생되고 세계사의 진행 방향을 돌리게 된 것이다. 마침내 인간은 르네상스 이후 근대에 와서 신의 굴레에서 벗어나기 시작한 것이다.

신은 인간의 마음 속에 존재하면서 어떤 행위도 하지 않는다. 단지 인간의 자유의지 행위에 대한 최종 결정과 심판을 내릴 뿐이다. 그러므로 신이 인간의 행복을 좌지우지하는 것이 아니다. 행복은 인간이 만들어 가는 것이다.

## Ⅲ. 실존론, 대서사시인 삶과 소통의 神

서두에 생명의 탄생기원을 얘기했으니 이제부터 '인간이 존재하는 의미는 무엇인가'를 살펴보고자 한다. 철학적 생물학적 종교적 등등의 여러 측면에서 의미를 다룰 수 있지만 보편 통합적 상태에서 인간존재의 의미를 살펴본다면 먼저 실존적 측면에서 한 생명체로 태어났다는 자체에 큰 의미가 있다.

인간은 무량광변의 대우주 속에 목적수단이 아닌 한 생명 자체로의 존엄성에 일차적인 존재의미를 둬야한다. 이것은 샤르트르적인 일차원의 실존론적 의미이기도 하다. 이 생명 자체의 존엄성적인 존재의미는 원시적이고 일차원적이다.

키에르케고르는 '내가 행복하지 않으면 어떤 것도 행복하지 않으며, 이론 보다 현재의 삶이 중요하다'라고 했다. 근대사상이 인간의 본질을 이성에 한정시켜 진리를 합리성, 객관성에 기준을 둔 것에 반대하고, 진리란 많은 사람들에게 해당되는 객관적인 것이 아니라, 나 자신에게 해당하는 진리가 중요하다. 라고도 했다. 이성보다는 감성의 자유로운 사고의 인간다운 삶을 주장하면서 실존은 무근거의 자유에 의해 초래된 불안, 절망을 실상으로 하고, 그 밑에서 진실한 삶의 방법을 주체적으로 만들어내는 것이며, '나'야 말로 모든 빛이 모여들고, 또 모든 빛이 퍼져 나가는 중심이다. 라고 했다.

어쩌면 보편적인 것보다 중요한 것은 개별적인 것, 즉 단독자적인 것일 수 있다. 이처럼 삶의 방식을 보편 객관에 의지하지 않고 주체의식과 자유선택 의지의 단독자로서 삶을 살아가는 것이 실존인 것이다.

키에르케고르의 사상은 격동의 20세기에 주목되면서 니체와 함께 실존철학의 시조가 되었으며 실존 심리학, 카프카, 카뮈, 샤르트르 등의 실존주의 문학에 영향을 미쳤다.

실존주의자 장 폴 샤르트르는 실존實存은 본질本質에 앞선다고 했다. 본질은 목적이고 수단이다. 물감의 존재 목적은 그림을 그리는데 있다. 이것이 물감의 목적이고 본질이다.

인간은 물감처럼 사용용도의 목적이나 수단으로 태어나지는 않았기 때문에 존재 자체로서 고귀하며 신성神性을 갖는 것이다. 실존이 본질에 앞서는 이유가 여기에 있는 것이다. 상기한 바와 같이 대우주 속에 목적수단이 아닌 한 생명 자체로의 존엄성적인 존재의미는 원시적이며 일차원적인 사르트르의 실존론적 의미다.

그러나 혈족관계가 해체되고 사회관계망이 중요시되는 복잡다단한 다원화된 현대사회에 우리는 이 원시적 존재의미를 뛰어넘는 한 차원 높은 존재 의미를 발견하고 상기 부각시켜야 할 것이다. 이것은 나란 존재, 인간의 사유 속 고차원적 존재의미를 발견하고자 하는 것이며 관계를 형성하는 사회생명체로서의 존재 의미이다. 인류가 탄생하여 선사와 역사시대를 거치는 수백만 년의 생존과정을 거치면서 우리는 생존을 위한 고단한 삶의 과정 속에서 수많은 선택을 하여왔고 또한 강요받는 운명의 기로에 부닥치기도 했다. 인류가 존재하는 한, 이 선택의 숙명은 영원할 것이다.

이것은 인간 삶 자체가 하나의 대서사시임을 말해준다. 어떤 선택을 하느냐에 따라 개인의 삶은 달라지고 인류의 미래도 결정된다. 이것은 어떤 잘잘못도 아닌 대서사적 운명일 뿐이다. 인생은 상수常數가 아니고 변수變數이기 때문에 운명의 대서사시는 어떤 방향으로 전개될지 아무도 예측하지 못한다. 이처럼 인간존재의 고차원적인 참 의미는 삶이라고 하는 대서사시大敍事詩를 엮어 가는데 있는 것이다. 그래서 우리들 인간 삶 자체가 문학이고 예술인 것이다.

우리는 사람과의 관계에서 많은 소통疏通을 하고 있으나

서로가 마음의 벽면을 쌓아놓고 자기 얘기만 늘어놓는 경우가 많다. 공자는 사람이 詩를 알아야 면장免牆을 한다고 했다. 여기서 詩란 포괄적으로 문학을 말하는 것이며 면장이란 벽면을 벗어나는 것으로서 면장을 하려면 詩를 알아야 제대로 소통할 수 있다는 것을 말해주는 것이다.

詩의 바탕은 감성이며 이미지다. 그러니 詩를 알아야 면장을 한다는 말은 마음속에 아름다운 감성感性과 심상心象을 갖춰야 타인의 마음을 잘 헤아리고 소통할 수 있다는 의미가 된다. 예술의 바탕인 감성과 심상이 예술로 재창조되면서 인간의 삶은 새로운 세계로 확장되고 소통의 세계로 기듭 나게 되는 것이다.

루크레티우스가 말하길 우주만물은 원소로 이루어졌다 하였다. 하지만 詩人인 나의 감성으로는 우주만물은 원소로 이루어진 게 아니라 소통疏通과 스토리로 만들어 졌다고 감히 말할 수 있겠다. 원소 대 원소, 사물 대 사물, 무생물 대 무생물, 생물 대 무생물, 인간 대 인간, 인간 대 식물, 인간 대 동물, 인간 대 사물 등등, 우주 만물의 모든 질료는 관찰자의 입장에서 서로 소통하는 중이며, 그 소통 속에 지금도 스토리가 만들어지고 있으며, 이 스토리가 우주의 역사이며 세계의 역사이고 우리들의 역사이고 미래를 만들어 가고 있는 것이다. 이 역사는 끊임없이 과거와 현재를 드나들며 지금도 소통하면서 우리들의 삶을 세계로 우주로 확장하며, 우리들이 살아가야 할 이유, 즉 스토리로 꾸며 나가고 있는 것이다. 그러므로 소통과 스토리가 바로 우리들의 신이요. 자비와 사랑이 나의 신이다. 라고 감히 말할 수 있는 것은 이 때문이다.

해설

# 김찬식 시인의 역경주의, 존재, 사랑의 시학과 곡선의 미학

반경환 문학평론가 · 철학예술가

# 김찬식 시인의 역경주의, 존재, 사랑의 시학과 곡선의 미학

반경환 문학평론가 · 철학예술가

모든 정치와 학문과 예술과 문화와 경제적 행위는 사랑의 실천으로 귀착되고, 이 사랑의 실천에 의해서 그것의 성과가 나타난다. 사랑은 이타적인 행위이며, 우리 인간들은 이 사랑이 없으면 살아갈 수가 없다. 부모가 자식을 낳고 기르는 것도 사랑이고, 선생님이 제자들을 꾸짖고 가르치는 것도 사랑이다. 남녀가 만나서 결혼을 하는 것도 사랑이고, 친구와 친구가 만나서 정담을 나누는 것도 사랑이다. 정치를 하는 것도 사랑이고, 시를 쓰는 것도 사랑이다. 질투와 증오와 시기를 하는 것도 사랑이다. 아버지의 손바닥에 못 박힌 가시같은 정, 할머니의 줌치 속의 찰떡같은 정, 정이 돌고 도는 둥지같은 정, 간이역의 외등같은 정, 연례로 만나는 먼 정같은 정, 빗물이 흐르지 않는 스콜같은 정, 친구의 빚독촉같은 칼바람의 정(「정情」), 부정, 모정, 연정, 애정, 우정, 욕정, 열정, 치정 등, 이 세상의 모든 것은 사랑이고, 우리는 이 사랑에 의해서 살고 죽는다. 원자가 물리적인 근본물질이라면 사랑은 정신적인 근본물질이라고 할 수가 있다.

바람은 바다의 책장을 넘긴다
파도를 한 장씩 넘기면
조가비 1p 뱃고동 2p 갈매기 3p…
태풍은 잠잠한 바다 속 앙금을 읽는다

너는 내 마음의 책장을 넘긴다
그리움을 한 장씩 넘기면
기다림 1p 질투2 p 보고픔 3p…
사랑은 고요한 눈동자에 보석을 건다
―「바다 도서관」 전문

김찬식의 「바다 도서관」은 '사랑의 도서관'이고, "사랑은 고요한 눈동자에 보석을 건다"는 것은 우리는 고요한 눈동자를 통해 바다의 수많은 보석들을 찾아낸다는 뜻일 것이다. "파도를 한 장씩 넘기면/ 조가비 1p 뱃고동 2p 갈매기 3p…" 가 나타나고, 내 마음의 책장 속에서 "그리움을 한 장씩 넘기면/ 기다림 1p 질투 2p 보고픔 3p…" 등이 나타난다. 파도, 조가비, 뱃고동, 갈매기 등도 사랑의 대상이 되고, 그리움, 기다림, 질투, 보고픔 등도 사랑의 대상이 된다. "거리에서 낙엽을 쓸어 담는 이와/ 골목에서 파지를 줍는 할머니"도 사랑으로 일을 하고, "고공에 매달려 유리를 닦는 젊은이와/ 기사식당에서 설거지 하는 아주머니"(「만추」)도 사랑으로 일을 한다. 바다 도서관은 사랑의 도서관이 되고,사랑의 도서관은 아름다운 가을날 만추의 도서관이 된다. 철학도 사랑과 사랑의 결합이고, 문학도 사랑과 사랑의 결합이다. 시도 사랑과 사랑의 결합이고, 경제도 사랑과 사랑의 결합이다. 인간은 소멸하지만, 사랑은 소멸하지 않는다. 사랑은 증오와 질투와 시기와 싸움과 전쟁 등으로 그 에너지가 변할 수는 있지만, 그러나 그 총량에는 변함이 없다. 사랑은 영원한 하나(본질=원자)이고, 이 영원한 하나는 변하지 않는다. 사랑은 영원한 하나이지만, 그러나 이 사랑과 사랑의 결합에 의하여 다양한 변화가 일어난다. 사랑이 변하면 미움이 되고, 사랑이 변하면 증오가 된다. 사랑이 변하면 배신이 되고, 사랑이 번하면 싸움이 된다. 사랑과 사랑이 결합하면 아들과 딸을 낳고, 사랑과 사랑이 결합하면 대기업이 된다. 사랑과 사랑이 결합하면 친목단체가 되고, 사랑과 사랑이 결합하면 정당과 국가가 된다.

우리 인간들의 삶은 이 사랑을 쟁취하기 위한 싸움에 지나지 않으며, 이 사랑의 싸움에서 패배를 하면 그는 좌절과 절망에 빠지게 된다. 사랑은 이상이고, 사랑은 지상낙원이고,사랑은 내세의 천국이다. 사랑은 사상이고, 사랑은 행복이고, 사랑은 죽음이다.

나는 태어나자마자
나와 세상과의 계약관계로
인생계약서를 작성했다

슬픔과 고통은 인생계약서

필수 기재사항이었다

슬픔과 고통이 부당하여도
받아들여야만 했다

내가 걱정해야 할 일은
슬픔과 고통을 얼마큼 나답게
장식할 것인가 였다

슬픔 속에도 틈새가 있어
카타르시스가 숨 쉬고 있었고

고통이 끝나가면서 그 여진 속에
안도라는 희열이 숨 쉬고 있었고

슬픔과 고통은 개미 눈만큼의 기쁨도
황소의 눈처럼 커 보이게 하였다

슬픔과 고통이 저밀수록
내 인생 깊이는
늦가을 저녁 어스름 그림자처럼
고즈넉하게 길어만 갔다

—「인생계약서」 전문

하지만, 그러나 사랑은 너무나도 가까이 있으면서도 너무나도 멀리 있고, 사랑은 두 눈에 보이면서도 그 형체가 없다. 사랑은 존재하면서도 존재하지 않으며, 사랑은 존재하지 않으면서도 존재한다. 바로 이 지점에서 사랑은 고통이 되고, 슬픔이 된다. 김찬식 시인의 「인생계약서」는 사랑을 쟁취하기 위한 좌우명이며, 오히려, 거꾸로 슬픔과 고통을 긍정함으로써 사랑을 쟁취할 수 있다는 것을 역설하고 있는 것이다. "나는 태어나자마자/ 나와 세상과의 계약관계로/ 인생계약서를 작성"했고, "슬픔과 고통은 인생계약서"의 "필수 기재사항이었다." 왜냐하면 슬픔 속에도 틈새가 있고, 고통이 끝나면 "그 여진 속에/ 안도라는 희열이 숨쉬고" 있었기 때문이다. 사랑은 슬픔 속에 있고, 사랑은 고통 속에 있다. 산다는 것은 어렵고 힘든 것이며, 이 어렵고 힘든 삶을 긍정하지 않으면 이 세상을 살아갈 수가 없다. 사랑은 크나큰 사랑이고, 사랑은 영원한 사랑이다. 이 크나큰 사랑과 이 영원한 사랑을 얻기 위해서는 그 어떠한 슬픔과 고통도 견디지 않으면 안 된다는 것, 바로 이러한 역경주의 속에서 김찬식 시인의 '사랑의 찬가'가 울려 퍼지고 있는 것이다.

휘어지지 않은 것이 없구나
밀려오는 파도조차 휘어진다
해안선도 돌아 휘어 바다를 포옹한다

날마다 해풍의 아침을 맞이하는
한 그루의 해송도 굽어져 염원하고
해암도 엎드려 기도한다

굴곡의 마디마디 마다

옹이는 가부좌를 틀고
내 인생 굽이굽이 휘어진 곳에
생의 아픔 옹이로 자란다
지나는 바람 눈물 훔쳐 위로하건만
해풍이 남겨주는 것은 소금뿐이다

바람도 세월도 마디가 있으니
세상 마디에 맺힌 옹이 없는 것이
어디 있겠냐마는 굽진 마디마디
옹이는 나무를 지탱하는 힘이고
내 휘어진 가슴 속 옹이는
나를 시행하는 힘이다
— 「마디와 옹이」 전문

나무에도 결이 있습니다 나무의 결이 아름다운 무늬가 되듯이 우리네 생은 고난과 역경의 고비를 이겨낸 흔적의 결들로 인해 아름다워지는 것이 아닐까요 비바람 맞지 않은 인생을 인생이라 할 수 있겠습니까 그러한 인생은 결이 없어 아름다움이 없고 추억도 없으며 추억은 새겨지는 것입니다 새긴다는 것은 조각입니다 조각은 각인을 해야 합니다 아픔으로 새겨진 마음만이 추억이 되는 것이지요 아픔이 발효되고 승화되어 내 생의 아름다운 추억으로 남게 되는 것이지요 고난은 아름다운 생을 만드는 소중함이며 먼 훗날 생을 뒤돌아 봤을 때 추회追懷와 추억追憶은 영혼을 맑혀 생의 자양분이 될 것입니다
— 「생의 편지 1 —고난 고독한 이의 위안을 위하여」 전문

나무에도 결이 있고, 우리의 인생에도 결이 있다. "우리네 인생은 고난과 역경의 고비를 이겨낸 흔적의 결들로 인해 아름다워지는 것"이고, 그 "아픔이 발효되고 승화되어 내 생의 아름다운 추억으로 남게 되는 것"이다. 굴곡은 험한 길이고, 옹이는 그 험한 길의 상처를 말한다. 안전을 확보하면 천하의 벼랑길이 더욱더 아름다울 수도 있지만, 그러나 안전이 확보된 벼랑길은 없고, 우리는 단 하나뿐인 목숨을 걸고 수많은 상처(옹이)를 입으며, 그 벼랑길을 통과하게 된다. 인생은 상처이고, 상처는 꽃이며, 모든 사랑의 열매는 이 벼랑길에서 얻게 된다. 김찬식 시인의 역경주의는 곡선의 미학이고, 이 곡선의 미학은 그의 사랑의 시학이 된다. 인간은 쾌락을 좋아하고 고통을 피하려고 하지만, 그러나 고통을 받아들이고 고통을 긍정하지 않으면 사랑이라는 쾌락은 얻어지지 않는다. 사랑은, 행복은, 기쁨은 최단거리가 없고, 끊임없는 우회로와 샛길만이 있다. 사랑은 직선도 아니고, 사각도 아니며, 사랑은 순풍지대의 평야에 있는 것도 아니다. 사랑은 곡선이고, 사랑은 둥긂이며, 사랑은 멀고 험한 벼랑길 위에 있다. "굴곡의 마디마디 마다/ 옹이는 가부좌를 틀고/ 내 인생 굽이굽이 휘어진 곳에/ 생의 아픔 옹이로 자란다"라는 시구가 그것을 말해주고, "우리네 인생은 고난과 역경의 고비를 이겨낸 흔적의 결들로 인해 아름다워지는 것"이라는 시구가 그것을 말해준다.

> 주인이 떠난 골방은 허허롭다/ 탁발을 위해 떠나야 하는/ 나그네 심정의 아버지/ 가지의 끝자락에서 외로이 흐느끼는/ 마지막 잎새 하나

—「참 아프구나, 기다림」 부분

외로움도 고독도 사치라지만 그것조차도 사랑하기 때문이다

—「나, 돌아가리라」 부분

붉은 생채기도 좋으니 부리에 쪼여/ 사랑의 몸살 한 번 앓았으면// 고독한 연정에 모닥불 한 번/ 지펴보면 어떠리

—「빈들」 부분

추억은 사랑의 내음을 더듬어 옛사랑 바닷가 소담한 모래톱을 찾습니나

—「생의 편지 2」 부분

소멸의 뜨락에 풍금소리/ 외로이 집을 짓는다

—「바람의 깊이」 부분

사랑과 떨어져 있으면 그리움이 되고, 그리움은 사랑을 만나고 싶어 한다. 자기 스스로 사랑을 외면하면 고독이 되고, 사랑을 만나지 못하면 외로움이 된다. 사랑은 약속이고,사랑은 믿음이다. 사랑은 따뜻한 위안이고, 사랑은 따뜻한 위로이다. 사랑은 달콤한 속삭임이고, 사랑은 크나큰 웃음이다. 사랑은 기쁨이고, 사랑은 즐거움이다. 사랑은 아낌없이 주는 것이며, 사랑은 살신성인의 희생정신이다. 인간과 인간의 관계는 사랑의 관계이며, 이 사랑의 관계에서 모든 애증이 꽃 피어난다. "붉은 생채기도 좋으니

부리에 쪼여/ 사랑의 몸살 한 번 앓았으면// 고독한 연정에 모닥불 한 번/ 지펴보면 어떠리"라는 생각이 그리움을 낳고, 이 사랑의 만남이 좌절되면 「바람의 깊이」나 「참 아프구나, 기다림」이라는 시에서처럼 외로움에 빠져들게 된다. 외로움은 병이며, 외로움이 사랑을 얻지 못하면 그는 마지막 잎새처럼 이 세상을 떠나가게 된다. 하지만, 그러나 "외로움도 고독도 사치라지만 그것조차도 사랑하기 때문이다"라고 외치게 되면, 그것은 고독이 되고, 이 고독은 창조적 사랑이 된다.

내 몸 항아리에 김장을 담근다 산다는 것은
나를 갉아 먹는 일, 구멍 숭숭 뚫려 성긴
배추잎사귀 상처는 아물지 않았다 내 고독의
처방전은 천일염에 푹 절군 온갖 수치와 수모의
잔상들 깨끗이 씻어 물기를 빼고 눈물로
버무린 카오스의 양념을 때 묻은 지폐,
구겨진 자국 같은 배춧잎에 골고루 펴 발랐다
수천 열도를 견뎌낸 빈 오지항아리 속에 상처
하나씩 차곡차곡 다져 넣고 울음소리가
밖으로 새지 않게 마개를 쳐 뚜껑을 닫았다
긴 겨울 캄캄한 땅속에 묻힌 김칫독 안에서
봉인된 상처가 눈물로 곰삭은 묵은지가 될
동안 나는 내안에 박힌 못 자국을 바라보았다
— 「고독처방」 전문

사랑한다는 것은 나를 갉아먹는 일이고, 사랑한다는 것

은 구멍 숭숭 뚫린 성긴 배추 잎사귀에 천일염을 뿌리는 것이다. 사랑한다는 것은 온갖 수치와 수모의 눈물로 김장을 담그는 것이며, 사랑한다는 것은 수천 열도를 거친 오지항아리 속에서 눈물로 곰삭은 묵은지가 되는 것이다. 이때의 고독은 자발적인 고독이며, 자기가 자기를 희생시킴으로써 또다른 '나'로 탄생하는 고독이라고 할 수가 있다. 새로운 나, 즉, 미래의 인간으로 태어나기 위해서는 수없이 죽어갔다가 수없이 되살아나지 않으면 안 된다. 우리는 어디에다가 집을 짓고, 우리는 과연 어떻게 살아야 하는가? 그 어느 누구도 살지 않는 곳이지 않으면 안 되고, 자기 자신이 아버지가 되고 전인류의 조상이 되는 곳이지 않으면 안 된다. 아름답고 멋진 고독, 그 어떠한 고통과 만고풍상도 견뎌낼 수 있는 고독, 이때의 고독은 '묵은지'처럼 생산적인 고독이 되고, 진정한 시인의 고독이 된다.

산다는 것이 가끔 고달프다고 느껴질 때
망망대해의 수평선을 걷고 싶다
귀신고래를 만나 출생의 비밀을 알고
헛웃음

때로는 인생이 유배지 같기도 하지만
마룻바닥이 끝이 아닌데
그 아래 주인을 기다리며 고무신이 숨 쉬고 있어
아름답게 피워내야지

기울어진 바퀴의 휠체어에 앉아

햇살로 허기를 채우는 중에
잊고 있었던 첫사랑으로부터
기별이 왔을 때
환희 피는 웃음
가끔씩은 이럴 때도 있는 거야

줄낚시에 걸려 선상에 막 올라오는
갈치의 춤을 보면 눈물 난다
도마 위에 퍼덕이는 눈부신 은빛
그 위의 빨간 루즈
그래 생존의 꽃밭은 도마 위의 목숨이지

삶의 꽃은 죽음이지
삶,
죽음을 피워내기 위해 봄을 기다리는거야

진흙 속에서도 피워야지
그래, 아름답게 가는 거야

—「마지막 의미」 전문

사르트르의 말대로 인간의 존재 근거는 '무'이지만, 그러나 자기가 자기 스스로에게 '고독처방'을 내릴 줄 아는 시인에게는 자유와 선택의 길이 있다. 혼자라는 것은 자유롭다는 것이고, 자유롭다는 것은 고독하다는 것이다. 이때의 고독은 자발적인 고독이며, 자기가 자기 자신의 운명을 선택했기 때문이라고 할 수가 있다. 비존재가 존재를 지배하고, 머나먼 미래가 현재를 지배하는 '역도인과성'의 세계야말로 김찬식 시인의 목표라고 할 수가 있다. 산다는 것이 고달프지만 망망대해의 수평선을 걸을 수도 있고, 때로는 인생이 유배지같지만 고무신을 신고 아름다운 꽃을 피울 수도 있다. 줄낚시에 걸려 올라오는 갈치의 춤을 보면 눈물이 날 때도 있고, 비록, 생존의 꽃밭이 도마 위의 목숨일 때도 있지만, 그러나 아름답고 행복한 사랑의 꽃을 피워보지 않으면 안 된다. 시는 사상(철학)의 꽃이고, 사상(철학)은 시의 열매이다. 김찬식 시인의 '고독처방'은 대단히 역사철학적이며, 그의 역경주의(실존주의)는 사랑의 실천이 된다. 삶의 꽃은 묵은지이고, 죽음이며, 이 죽음의 꽃으로 새로운 봄(세계)을 탄생시킨다. 만나면 헤어지고, 헤어지면 다시 만난다.모든 것이 가고 모든 것이 되돌아온다.

사랑은 개인적인 것일 수도 있고, 사랑은 사회적인 것일 수도 있고, 사랑은 우주적인 것일 수도 있다. 사랑이 개인적인 것일 때에는 사사롭고 은밀하고, 사랑이 사회적일 때는 공동체 사회를 위한 것이 되고, 사랑이 우주적일 때는 우주의 구성원으로서의 우주적 질서에 참여하는 것이다.

태양이 애무하면 바람이 속삭이면
초연히 눕는 풀잎의 군무
하얀 속살은 눈부시다
태양의 열기에 지쳐버린 대지
다시 일으켜 세우는 그대 풀잎이여

밤바람 불어오면 이불 삼아 누우리

아침이면 다시 일어나 바람 부는 대로 춤추리
나직한 초연으로 바람 따라 구부리리
달관의 정점이고 자유의 풋대인

그대, 풀잎이여

—「풀잎의 춤」 전문

김찬식 시인의『바람의 고독』은 '사랑의 시학'이며, 이 '사랑의 시학'은 개인적인 것과 사회적인 것을 아우르며, 그것을 넘어서서 우주적인「풀잎의 춤」으로 완성되었다. 태양이 애무하면 바람이 속삭이면 조연히 눕는 풀잎의 군무, 하얀 속살은 눈부시고 태양의 열기에 지쳐버린 대지 위에 다시 몸을 일으켜 세우는 풀잎, 밤바람 불어오면 이불 삼아 눕고, 아침이면 다시 일어나 바람 부는 대로 춤을 추는 풀잎, 달관의 정점이고 자유의 풋대인 풀잎—. 풀잎은 저마다 따로따로 고독을 사랑하면서도 그 고독의 힘으로 풀잎의 군무를 완성하고 있는 것이다.

대담한 사랑과 우아한 사랑, 그리고 자유와 평온을 위한 우주적인 총화로서 김찬식 시인의 역경주의인 '사랑의 시학'과 '곡선의 미학'은 모든 생명의 존재를 神性으로 격상시킴과 동시에 萬物一元의 철학사상으로 도약하는 것이다.

해설

# '느림의 시학'과 알맞은 정신기후의 조성

## — 김찬식 시의 간극間隙 좁히기와 감성적 교시

엄창섭 문학박사 · 국제펜클럽 한국본부 고문

# '느림의 시학'과 알맞은 정신기후의 조성
## — 김찬식 시의 간극間隙 좁히기와 감성적 교시

엄창섭 문학박사 · 국제펜클럽 한국본부 고문

## 1. 생명기호의 통신과 시적 구조構造

『예언자』의 저자 칼 지브란은 "시는 마음속의 불꽃이고 수사학은 눈송이다. 불길과 눈이 어떻게 하나가 될 수 있겠는가?"라고 반문한 바 있다. 모두冒頭에서 '시적 상상력의 자유로움과 생명기호의 통신'으로 거리감 없는 자유로운 바람처럼 「고독처방」, 「버스정류장 근처」를 비롯한 70여편의 시를 이번 시집에 수록한 김찬식 시인은 부산 출신으로 시 전문지 『心象』을 통해 등단한 이후, 사유의 중량감과 깊이가 곁들인 시집 『누구나의 가슴에도 강물은 흐른다』와 『바람의 고독』을 세상에 내어놓은 따뜻한 감성적 존재이다.

오랜 날 그 자신이 추구한 시적 내용물과 기본 골격을 생명기호의 통신과 시적 구조' 라는 관점에서 접근할 때, 그의 시적 작위作爲는 따뜻한 감성과 자기 특유의 음성, 색깔, 느낌으로 채식되어 일순의 격정마저 평정시켜주는 역동성을 지니고 있다.

격랑의 시간대를 만보漫步하면서 생명의 존엄성을 신앙

처럼 떠받들며 세세한 산 여울의 흐름도 놓치지 않고, 영혼의 울림으로 조율하여 깊은 마음의 상처도 시적 치유로 다독이는 그이 시혼은 경이로움에 빗대어 진다.

자기성찰을 통한 겸허함으로, 젊은 시인 오웬의 지적처럼 "시인의 소임은 시대적 상황에 경고하는 것이라."는 의식의 깨어있음과 정서법에도 충직하여 마침표 하나라도 놓치지 않는 꼼꼼한 심사心思는 이 땅의 시인들에게 교시적 공감을 일깨워준다. 까닭에 지상에 갈앉은 낮은 음조와 사유의 깊이를 유지하며 바람의 변주와 시적 형상화의 합리성으로 질 좋게 직조된 그의 시편들은 순수서정의 미감이 돋보여 독자들에게 시적 감응과 감동을 충동적으로 안겨주고 있다.

한편, 언어의 집으로 응축되는 그의 시편은 조급하고 분망한 숨막힘의 현상에서 단절, 거리두기가 아닌 경계허물기로 해명되기에 어디까지나 일상의 감동을 회복시켜주는 정신작업에 해당된다. 이 같은 다양성을 고려하여 그의 시편을 생태시학으로 한정되어 분할하는 것은 현명한 처사로 치부할 수 있으나, 만상이 미동을 멈춘 단절의 계절을 알맞은 정신기후로 조성시켜 "연못 속에 산도 구름도 실렸다/ 사랑은 만상을 담고도/ 무겁지 않은가 보다(저수지, 겨울)"와 같이 자잘한 시적 정감으로 불러낸 시종자의 극대화는 기억 흔적에 마침내 '어떤 것도 녹여내는' 사랑이 되고 따뜻하고 투명한 눈물이 된다.

보편적으로 삶을 자적自適하며 생명에 대한 외경심을 일상의 구조로 의식하여 영혼의 잔을 비우는 행위에 열중하는, 그의 시적 고뇌는 누군가의 심층深層에 자신과 비슷한

상태의 공감을 불러일으키는 행위에서 기인起因한다. 까닭에 그의 시적 작위는 언어기호의 도식과 유희적 가식에 지나침이 없기에 독자의 시선을 끌기에는 거부감이 없다. 이처럼 담백한 시격詩格의 소유자로 '보다 천천히'라는 슬로우라이프slow life적인 '느림의 시학'에 익숙한 김찬식 시인은 지상에 갈앉은 낮은 음조音調로 생명의 소중함을 부단히 일깨우면서도 독자적인 삶의 자세를 견냥하고 있다.

여기서 그 자신의 시편을 통해 충직한 독자가 감지할 수는 있도록 일관성 있게 풀어낸 인자因子는, 영혼에 잠식蠶食되고 파생된 감미로운 미적 주권이 순수서정성의 그리움으로 형사形似되어 스스럼없이 빛나고 있다.

## 2. 감성적 교시와 시적 상상력의 확장

감정의 절제에서 비롯된 "상처 받은 영혼을 치유하는 기도"로 해명되는 김찬식 시인의 시정신은, 푸른 생명의 언어로 직조된 전율 같은 가슴 떨림과 맞물려 있어 그만이 체득한 미적 주권의 순수서정성이 한층 눈부시다. 오랜 날 그 자신이 삶의 일상에서 느끼고 발아시킨 "실존을 지향해야하는 이유가 있지/ 우리는 존재 자체로서 빛나는/ 위대한 인간을 지향해야 하리/ 생명은 존재하는 자체로서 신이니까(「사르트르를 그리며 ―본질에 앞선 실존」)" 에서와 같이 내면의식을 이미지로 형상화하였듯 장 폴 사르트르의 "실존은 본질에 선행한다." 라는 그 유명한 명제나 '실존의 존재론'을 사용하지 않더라도 실존주의는 '주체의 철학이고, 자유의 철학인 동시에, 그의 실존은 우연성이고 또 무상성無償

性'은 유념할 바다.

까닭에 우리가 예감할 수 있는 시인의 존재감은, 지극히 온유한 심성과 투명한 영혼의 소유자라는 점이다. 가끔은 순수서정의 풀의 내음을 발산하는 그의 지난至難한 시적행보는, 어디까지나 '산다는 것은 아픔으로 담금질하는 일' 이어서 '가끔은 어둠에 묻혀 가슴 적셔볼 일'로 풀이되고 마침내는 "덜컹 문이 열린다 열린 문틈으로 빛이 몰아친다 어둠의 심장/ 빛의 부리에 쪼여 가슴에 담긴 꿈들 바닥에 떨어지고 선혈은/ 낭자하다 기쁨의 화음 허공으로 사라지고 천상의 소리 이제/ 들을 수 없으니 차라리 무명으로 존재하였으랴(「산다는 것은」)"나 전의식의 통로를 걸쳐 영혼의 잠식蠶食과 접힙되는 현상이다. 그토록 관조적 삶을 통해 언어예술로 직조해낸 그의 시편들은 다양한 체험을 통해 응축된 낯익은 언어이기에 애매모호함이나 현학성이 드러나지 않아도 모나지 않는 익숙함이 묻어난다.

이와 같이 그의 시 인식에 점철된 순수서정과 정신풍경에는 아니마anima적인 평온함이 자리해 있을 뿐 아니라, '안타까운 두려움'마저 깨끗하게 정화시키는 생명외경畏敬도 내재해 있다. 어디까지나 그의 시작詩作과정에서 삶의 현상으로부터의 일탈과 인식의 매개媒介로 이행된 비장한 결의가 파악되기에, "무명치마를 두른 며느리/ 시루 속에 죽비를 맞으며/ 잔치 뒤의 무성한 뒷말/ 똬리에 이고 깊은 우물을 건넌/ 어머니(콩나물의 노래)"라는 통로를 거친 그만의 시적 수사로 일깨운 형사形似는 놀랍게도, 아득한 유년의 기억처럼 오순도순 정겹게 '아랫목에 둘러앉은 식구들의 소리 없는 합창은 끝내 '어머니 노래'로 변주變奏되어 애조

띤 선율로 생명력을 지닌다. 이처럼 실리적 이해관계로 붓의 날刃을 세우는 까닭에 비열하고 천박한 시인에 견주어, 그의 품격은 빠삭한 속셈에 항상 낯설어 모가 나지 않는다.

까닭에 비열한 이기주의의 양상과는 항시 거리가 먼 그의 지극선의 심성은, 「고독처방」에서 내 몸(항아리) – 김장(담근다)' 라는 보기처럼 '(봉인된) – 상처(곰삭은) 묵은지 – (내 안에 박힌) 못 자국' 이라는 수순을 밟은 뒤, 독자의 정신기후를 따뜻하게 조성시켜주는 저력으로 변형되고 있다.

> 수천 열도를 견뎌낸 빈 오지항아리 속에 상처/ 하나씩 차곡차곡 다져넣고 울음소리가/ 밖으로 새지 않게 마개를 쳐 뚜껑을 닫았다/ 긴 겨울 캄캄한 땅 속에 묻힌 김칫독 안에서/ 봉인된 상처가 눈물로 곰삭은 묵은지가 될/ 동안 내안에 박힌 못 자국을 바라보았다
>
> —「고독처방」 부분

인용한 시편에서 그 자신의 시적 천부성은, 삶의 공간에서 접하는 대상물과 자신의 관계성을 응시하는 최선最善의 드러남으로 이처럼 빛나고 있다. 일단 실체의 껍질을 벗기고 일순 깊은 사상에 몰입하는 정신력이 직관적이라며, 사물의 전체를 거시적 관점에서 주시하는 정신력의 한 방법이 관조의 세계로 해석되어지듯 그의 시적 상관성은 '시적 상상력에 의한 시종자의 극대화로' 로 보다 변화한다. 그 같은 예중이 현대인의 삶과 슬픈 편린片鱗을 사각의 유리창이 자리한 삶의 현주소를 시적 기법으로 단순하게 형상화시킨 「버스정류장 근처」 풍물風物 전경全景처럼 "낙엽과 폐지는

축하 비행을 한다/ 시간은 심심치 않은 간격을 그었다/ 바람의 손짓으로 버스가 멈춰서고/ 배낭을 내려놓고, 다시 먼 길을 떠나는 버스/ 그림자가 길게 자라는 퇴근 무렵(「버스 정류장 근처」)"의 하늘 게시판(평등과 분배) – '비망록' 은 묵언의 자세로 응시해야 합목적적 미망이 보다 선명한 시편이다.

여기서 시의 현상과 존재론적 해석의 문제로 고뇌하며, 때로는 한 송이 꽃을 응시하다 몰아일체가 되는 그 자신의 육성과 느낌, 지난한 몸부림은 시의 씨앗種子을 발아시키는 행위로 이행되어 단숨에 감미로운 한 편의 시를 발화시킨다. 이처럼 시적 현상과 존재론적 해석을 위해 그 자신의 기억력을 재생시키며 따뜻한 영혼을 지닌 엄숙한 사제司祭로서의 소임을 실천궁행하는 유의미한 시적 작업은, 분할과 통합이라는 각고의 통로를 걸친 결과물이기에 더욱 그 가치가 새롭다. "뜨락에 노니는 낙엽의 황홀한 조락/ 만삭의 아람을 미련 없이 대지에 안겨주고/ 가을은 겨울을 위해 옷을 벗는다(「계절의 레퀴엠」)"에서나 "유년의 운동장에 백엽상 펄럭인다/ 바람은 풍향계의 화살 심장에 꽂고/ 내 생의 습기와/ 존재의 화두/ 허무의 깊이를 재는 것이다/ 초저녁 별빛 한 줄기/ 부토에게 길을 묻고 있다(「바람의 깊이」)"와 같이 현상학적으로 삶의 질곡에서 가시적인 모든 물상은 끝내 소멸되지만, "어제는 남동풍, 구름조금/ 이슬 맞은 그대 지난 날 뒤적인다"에서 세월의 간극間隙을 비집으며, '어제는 역사이고, 내일은 신비이며, 오늘은 선물이라'는 이치를 시적 기법으로 처리하여 한 순간 미세한 움직임도 놓치지 않는 치밀한 관찰은 정직한 시인의 자존감으로 더

없이 빛난다.

즉물적 현상의 심부를 해체시키는 기법과 도식으로 동일한 시간대의 우리에게 '들어냄보다 감춤' 의 담론을 표출하여 사라지는 것의 소중함을 다시금 입증하기에, 생명의 엄숙성이 내재된 감성의 시학으로 해석되는 그의 시적 행보는 혼성모방pastiche이나 화려한 희언pun을 거부하면서도 정체성 있는 독자적 시의 지평을 열어 보이고 있다. 이 같은 인자因子는 그의 시편을 관통하는 유년의 메르헨적인 시적 인식의 변형으로 생명에 대한 일깨움이며, 비정한 후기산업사회에서 본질적으로 갈등의 구도를 거부하는 따뜻한 감성의 시인이기에 못내 자랑스럽나.

## 3. 의미론적 순환循環과 사유의 속도

"한 순간 분노가 치솟아 오를 때, 좋은 기억이나 시를 떠올리면 마음의 평정을 얻을 수 있다."는 노만 핀센트 빌의 지론처럼, 김찬식 시인은 정신적인 아픔이나 병폐적인 내면의 갈등마저 해소하고, 영혼을 정화시켜주는 시적 치유의 지평을 열어 보이고 있다. "지상은 달이 선사한 물결을 입고 모두에게/ 서로의 흔적을 남기는 관계자를 명한다(「관계자 외 출입금지」)"에서 확인되어지듯 그의 담백한 시격詩格은, 불확실성의 사회현상에서 겪는 존재의 가벼움을 반복적으로 체험해 온 그 초조감마저 놀랍게도 '달이 선사한 물결' 로 변형시키는 가능성을 열어주고 있다. 그 자신이 소망하는 밝은 미래사회 구축의 역동성은 시적 상상력의 자유로움에서 비롯되기에, 삶의 일상에서 정신작업의 사자가 푸른 식물성 언어로 빚어낸 '몸의 시학'은 다행스럽게도 존재의 뿌리를 확인하는 본질적 작업과 잇닿아 있다.

시대적 소임을 엄숙하게 수행하기 위해 '극소수의 창조자'로서 자신을 해체하고 재조합하는 창조행위는 시적 상상력과 결부되어야 한다.

미시적微視的으로 「모던 포커스」에 수록될 작품만을 질료로 삼아 분할, 통합하고, 언어질서에 의해 통일된 체계의 유지와 전통의 확인은 다소 모순되기에, 우주의 신비를 캐어내는 작업은 결코 긴장감을 늦출 수 없다. 불확실한 시간대에 몸담고 있는 우리에게 절망감을 충격적으로 안겨주는 항목들을 새삼 열거할 필요는 없으나, 그 중에서 기억 흔적에 담아두어야 할 것은 질서의 무너짐과 오깨어진 도덕성의 불감증이다. 이 점에 있어 별처럼 존귀한 삶의 처소에서 하찮게 인식되는 시적 소재도 비중 있게 다루면서 자신의 삶을 반추하되 흘려보낸 시간에 대해 끊임없이 성찰하고, 사유의 깊이와 속도를 조절하며 자문하는 그의 삶은 한층 겸허하여 품격 있는 시인으로의 자존감을 한층 높여주고 있다.

> 횅한 하늘의 어깨를 토닥이는 바람과/ 발아래 가벼이 구르는 잎새들의 송가/ 바하의 교향곡보다 아름답다/ 외롭다는 것은 얄팍하다는 것이고/ 우리를 슬프게 하는 것은
>
> —「참 아프구나, 기다림」 부분

위에 인용한 「참 아프구나, 기다림」에서 '기다림은 아프다.' 이렇게 자연의 순차循次를 거역하지 않은 그의 정직한

마음과 서정성은 밝은 시어가 맑은 영혼을 구가하는 내재된 시적 비법으로 변형되어 '분열된 자아의 회복'으로 결속된 결과이다. 이처럼 본질적으로 견고한 고정체를 언어로 빚어내는 시 쓰기의 작업은 행복한 언어의 집짓기로 견주어지기에, '창조와 모방parody의 연계성은 한번쯤 주지할 바다. 그 점은 인간의 내면심리에 자연을 거부하거나 자연과 대립하는 창조의 정신을 지닌 동시에 자연을 모방하고 순응하는 모방정신의 관계성에 기인한 탓이다. 이 같은 갈등구도는 지극히 합리적이고도 상호보완적인 공존의 양상으로 자리하기에, 시적 작위作爲는 단순한 언어유희pun가 아니라 후기산업사회에 몸담고 있는 현대인들에게 있어 생명적이고 보다 유의미한 창조행위다.

간혹 시간과 공간의 개념을 상호대비시키는 시적 발상은 순백의 언어로 정금을 빚어내는 연금술사의 경이로움에 견주어지기에, 그의 시적 음계는 낮은음자리표로 미끄러져 가는 연계음이다. 따라서 '존재의 사라짐'을 서정적 미감으로 수용한 이상성Ideality과 시의미의 추구 또한 이채로워 독자의 시선을 끌기에 거부감이 없다. 정신적으로 빈궁한 삶의 현상에서 좋은 시인과의 만남은 우연일 수 없는 행복한 필연의 만남이다.

일단 투명한 눈물마저 선명한 이미지로 형상화하는 그 자신이, 자연적인 대상에서 발아되는 식물성 언어를 객관적으로 통신하며 우리 곁의 친근한 삶의 동반자이기를 기대할 뿐이다. 아울러 그만이 시편을 통해 명증하려는 즉물적 대상은, 사물을 관찰하는 예리한 눈心眼이 물상과 관념이라는 상오연계성을 중시한 결과물로 우리의 다양한 삶에 그만의 시혼이 겨냥한 새로운 발견과 접견, 치밀한 느낌과 색깔로 현상을 예리하게 응시하되 정치精緻하게 표현하는 기법처리를 절실하게 요청한다.

이 같은 측면에서 경계허물기로서 소외된 인간관계의 회복을 위해 본질에 충실하여 시적 상상력을 확장시켜 불가능을 가능으로 전이轉移시키는 '비공인의 입법자로서의 역할' 은 물론, 김찬식 시인에게 거는 소박한 기대감은, 푸른 생명의 언어로 상처받은 영혼의 치유를 위해 고통의 처소에서도 감성의 붓끝을 곧추 세우되, 끊임없이 영혼의 닻줄을 움켜잡는 진정한 예언자로서 담당해야 할 시대적 역할이다.

그간에 평자가 반복하여 역설하였듯, 필립 라아킨이 "시란 맑은 정신의 문제, 즉 사물을 있는 그대로 보는 것"이라는 시론의 인식과 전통적 질료를 보편적 정서와 소우주의 표징으로 접합시켜 한층 중량감을 안겨줄 생명적이고도 담백한 시격詩格을 자신의 정체성에 수락해야 한다. 모쪼록 존엄한 생명외경을 수용하기 위하여 타인에 대한 언어의 배려로 파괴적이고 금속성인 시어詩語의 사용은 철저히 거역하되, 현재적 혼돈에서도 이 땅의 자유와 평화를 통섭通涉하는 존재로 공동체인식inter-being의 지평을 오로지 열어가라는 것이다.

## 김찬식

1957년 부산광역시 남구 용당동 218-16번지에서 출생하였다. 용당초등학교, 동아중학교, 부산상고를 거쳐 부경대학교를 졸업하였다. 30년간 공직에 재직하다 사무관으로 퇴임하였다. 중앙공무원연수원 초빙강사를 역임하였으며 스타공무원으로 선정되기도 하였다. 청소년시절 취미로 시작한 통기타와 색소폰연주가 수준급이며 詩와 音樂으로 소외계층에 많은 봉사활동을 하였다. 2014년 본인의 詩와 音樂으로「김찬식 詩&樂 콘서트」를 개최하였다.
문단에는 박목월 시인이 창간한『심상』신인상으로 등단하였다. 시집으로『누구나의 가슴에도 강물은 흐른다』,『바람의 고독』을 펴냈으며 그 외 공저 다수가 있다. 스토리텔링「법기수원지 이야기」,「회동수원지 이야기」를 썼다. 시울림 회원으로 수년간 활동하였으며 부산시민백일장 심사위원장과 국제펜클럽 한국본부 부산지역위원회 부회장을 역임하였다. 한국문인협회 회원이며 현재 부산광역시문인협회 부회장, (사)부산시인협회 부이사장, 한국현대문학작가연대 이사로 활동하고 있다.

이메일 : chsikimm@hanmail.net



김찬식 시집

바람의 고독

발　행 2018년 11월 30일
지 은 이 김찬식
펴 낸 이 반송림
편집디자인 김지호
펴 낸 곳 도서출판 지혜
계간시전문지 애지
기획위원 반경환 이형권 황정산
주　소 34624 대전광역시 동구 선화로 203-1, 2층 도서출판 지혜 (삼성동)
전　화 042-625-1140
팩　스 042-627-1140
전자우편 ejisarang@hanmail.net
애지카페 cafe.daum.net/ejiliterature

ISBN : 979-11-5728-310-1 03810
값 9,000원

* 본 도서는 2018년 부산광역시, 부산문화재단 지역문화예술특성화지원사업으로 지원을 받았습니다.